VINHO
sem frescuras

CIP-BRASIL. CATALOGAÇÃO NA PUBLICAÇÃO
SINDICATO NACIONAL DOS EDITORES DE LIVROS, RJ

L837v   Lona, Adolfo
         Vinho sem frescuras / Adolfo Lona. – 2. ed. – Porto Alegre [RS] : AGE, 2025.
         214 p. ; 16x23 cm.

         ISBN 978-65-5863-161-3
         ISBN E-BOOK 978-65-5863-160-6

         1. Vinho e vinificação. 2. Vinho – Degustação. I. Título.

22-81027   CDD: 641.22
                     CDU: 641.87:663.2

Meri Gleice Rodrigues de Souza – Bibliotecária CRB-7/6439

Adolfo Lona

VINHO
sem frescuras

2.ª edição

Editora AGE

PORTO ALEGRE, 2025

© Adolfo Alberto Lona, 2023

Capa:
PFC (Izabella Merlin)

Diagramação:
Júlia Seixas

Supervisão editorial:
Paulo Flávio Ledur

Editoração eletrônica:
Ledur Serviços Editoriais Ltda.

Reservados todos os direitos de publicação à
LEDUR SERVIÇOS EDITORIAIS LTDA.
editoraage@editoraage.com.br
Rua Valparaíso, 285 – Bairro Jardim Botânico
90690-300 – Porto Alegre, RS, Brasil
Fone: (51) 3223-9385 | Whats: (51) 99151-0311
vendas@editoraage.com.br
www.editoraage.com.br

Impresso no Brasil / Printed in Brazil

Agradecimentos

A minha esposa, Silvia, e minhas filhas, Maria Gabriela, Ana Isabel e Tais Carolina, por serem o meu incondicional ponto de apoio em tudo.

Aos brasileiros, amigos e conhecidos que durante todos estes anos acreditaram e apoiaram meu sincero propósito de consolidar a cultura da uva e do vinho por meio de um trabalho sério e profissional.

A todas as pessoas que participaram dos meus cursos de degustação em algum lugar do Brasil, porque foram a maior fonte de inspiração para esta singela obra. Com eles aprendi a necessidade de usar uma linguagem simples e didática para transmitir os conhecimentos sobre o vinho.

Apresentação

Lá se vão mais de 40 anos do dia em que conheci o Adolfo, enólogo dinâmico, ativo, de grande visão empresarial, apesar de tê-lo conhecido como administrador da De Lantier.

O que me chamava atenção nele eram as propostas ousadas que ele colocava em prática no dia a dia da empresa.

Visionário, extrovertido, prático e com personalidade forte. Tivemos ao longo desses anos todos várias discussões a respeito de diferentes pontos de vista; interpretações de mercado, sobre vinhos e outros assuntos, mas uma coisa estava muito clara: a simplificação da arte de degustar os vinhos.

Estávamos de acordo sempre sobre esse aspecto: o vinho não podia ser considerado um produto de elite, uma matéria-prima em que, para desvendar suas qualidades era para o porte de poucas e elitizadas pessoas.

Precisávamos demonstrar ao grande público que o vinho deveria ser considerado um alimento que compunha o dia a dia das pessoas normais... exatamente como era considerado nos países de grande tradição enológica.

Isso tudo somente se podia demonstrar com o ensino, ajudando as pessoas a falar dessa nobre matéria-prima, fornecendo um vocabulário fácil, claro e de absoluta e inequívoca compreensão.

Essa era e ainda é nossa missão.

Sua forma didática e simplificadora de falar sobre o vinho resultou num exímio professor, usando palavras fáceis de se compreender, exatamente como a proposta desta obra que está indo ao mercado.

Meus parabéns pela sagacidade e a força de continuar estimulando os amantes do vinho a degustar, a reverenciar o vinho, mas sem perder o lado amoroso, poético, delicado que esse grande amigo sabe transmitir como poucos.

Obrigado, Lona, pela nossa amizade, que seja eterna como a simplicidade do vinho sobre o qual discursamos.

Saúde!

Dânio Braga

A palavra do *chef*

Conheci o Adolfo Lona pelos seus espumantes, em cumprimento da minha conhecida preocupação de sempre procurar produtos brasileiros, de pequenas produções, que expressem o que o Brasil de melhor faz.

Quando abrimos o restaurante CT Brasserie do Fashion Mall, no Rio de Janeiro, mostrei interesse em desenvolver um espumante de qualidade que fosse coringa o suficiente para harmonizar com a minha cozinha.

Foi nesse momento que tive o grande prazer de conhecer pessoalmente o Adolfo Lona e me apaixonar pelo lindo trabalho que ele faz.

Neste livro, consigo identificar todo o raciocínio e a preocupação do Adolfo na missão de elaborar um espumante que atendesse o meu objetivo. Faz 14 anos que iniciamos esse trabalho conjunto da elaboração dos Espumantes CT, um caso de sucesso, com clientes muito fiéis, que segue sendo um dos *best-sellers* nos nossos restaurantes.

Tenho enorme respeito pelo Adolfo Lona, por toda a sua trajetória, preocupação em se entregar não só aos seus projetos como também ao mercado em geral, e entendi ao longo desses anos que ele é uma das grandes referências do mundo enológico, não só para profissionais de mercado como para consumidores curiosos em perceber e entender o porquê das diferentes sensações que os vinhos e espumantes nos provocam.

A prova disso é esta nova edição, onde ele se mantém na vanguarda do conhecimento geral do mundo do vinho.

Parabéns, Adolfo! Sucesso sempre. *A ta santé!*

Chef Claude Troisgros

Iniciação ao conhecimento de Adolfo Alberto Lona

Descobri os vinhos em livros, há dez anos.

Antes eu bebia vinhos, mas, afora preço e cor, não prestava muita atenção. E gostava de Vinho Suave Colono, que meu pai fazia em casa, rosês, Liebfraus e assemelhados.

É a fase...

Dos livros passei à Sociedade de Amigos do Vinho, em São Paulo, já que não existia nada similar em Curitiba.

Foi justamente numa excursão da SBAV de São Paulo que arribei em Garibaldi.

Saí do ônibus curvado – por que será que a gente continua saindo curvado de ônibus, agora que as portas ficaram maiores? –, da penumbra do ônibus ao pleno sol. Meus olhos ofuscados mal puderam divisar quem que se postava sorridente e, mão aberta, exclamava:

– Adolfo, Lona!

Senti que aquela eu levava fácil e, mão cerrada, retruquei:

– Groff, Um!

Eu não sabia, mas naquele momento acabara de deixar a fantasia de livros e salões e entrava no mundo real do vinho, vinho além da taça, mão na massa.

Adolfo Alberto Lona é um marco na história do vinho brasileiro. Na seleção das cepas, na orientação do plantio, na tecnologia da produção, na escolha do carvalho e na divulgação, seu trabalho foi fundamental na formação do caráter de nosso vinho. Foi, e continua sendo.

Há muitos anos, com persistência de guerrilheiro, vem montando grupos e ministrando cursos Brasil afora. Não sei quantos milhares já passaram por suas aulas e duvido que ele saiba, porque, ao contrário da convencional, na Escolinha do Lona a gente se esforça para repetir o ano.

O que distingue as aulas do Lona das demais é que elas se constroem, tijolo com tijolo, num desenho lógico e, uma vez aprendidas as premissas, não só sabemos o que aprendemos, como somos capazes de deduzir ou intuir em circunstâncias novas.

Uma vez, na Itália, encantei o dono de uma cantina dizendo-lhe que um Barolo 83 estava melhor que um Barolo 82, uma safra memorável, porque, sendo ambos jovens, o vinho menor evoluía mais rapidamente. Por puro reflexo, havia utilizado uma lição aprendida com o Lona.

A maioria dos livros sobre vinhos dividem-se em dois tipos: crônicas e enciclopédias.

Crônicas divertem, causam prazer, mas pouco ensinam. São feitas para quem já sabe.

Enciclopédias exaurem o assunto, mas, pela tirania da ordem alfabética, acabam pondo "aroma" antes de "uva", e, muito personagem, pouco enredo, são chatas como guia telefônico.

O livro do Lona reúne senso e sensibilidade, porque nele coabitam o técnico e o poeta.

Este livro é imprescindível manual de quem se dedica ao vinho e entende suas paixões. Se não vou me alongar sobre ele, é porque não quero privar o leitor da descoberta, cada página, como rolhas, se abrindo para um novo prazer.

Mas, como não param por aqui as contribuições do Lona ao vinho, tenho mais um pouco a escrever sobre o assunto.

Trabalhou muitos anos para implantar *vitis viniferas* em boas condições técnicas. Quem já dialogou com velhos viticultores sabe do apostolado necessário para convencê-los a substituir "isabéis", aquele verdadeiro "tapete" de alta produtividade, por esparsas espaldeiras de pequena produção e aguardar quatro anos até que as uvas e a grana cheguem.

"Quando se erra em enologia, dá esgoto ou vinagre; é triste, mas no ano seguinte a gente faz de novo. Quando se erra em viticultura, só resta cortar e esperar três anos para ver se não se errou de novo", disse-me Lona um dia. Estranhei os três anos em vez de quatro e ele completou: "O cavalo se salva!"

Desse trabalho surgiram vinhos notáveis e, dentre todos, o Baron de Lantier Cabernet Sauvignon, que, aperfeiçoado e aprimorado a cada ano, chegou no *pas de deux* da experiência com a safra de 1991.

Mais tarde, mesmo às custas da perda de bons produtores de uvas, incentivou alguns deles a estudarem enologia e produzirem vinho. Sabe que na construção de um vinho brasileiro com personalidade, ao lado da tecnologia das grandes empresas de capital, não se dispensa a magia do *chateau* artesanal.

Foi ele quem animou e embalou a Associação Brasileira de Enologia a tornar-se atuante e realizar as avaliações anuais de safra, sem a necessidade de agradar estes ou aqueles. E, neste país tão propenso a arranjos, sempre encarou com serenidade as eventuais notas baixas dadas a seus próprios vinhos.

A mim, jurado inexperiente de vinhos novos, ensinou-me que o vinho novo tem que ter massa, porque o trato do vinho não se faz por acréscimos, mas por polimento. Você pode não entender nada de escultura, mas com certeza a pedra tem que ser maior que a estátua.

No Mercosul, este argentino cuja pátria é o vinho, defendeu com competência – irritante, segredou-me um dia um produtor argentino – as posições do vinho brasileiro.

Quando um enólogo australiano, em visita promocional ao Brasil, criticou o vinho brasileiro, Lona observou-me que aquela crítica era muito pouco profissional, porque um enólogo devia saber que um vinho é um produto do meio que só deve ser julgado no seu contexto e jamais "de passagem" num coquetel em São Paulo.

É fácil dar palpite; duro é sentar, enfrentar problemas climáticos, sociais e econômicos, e fazer o melhor vinho possível.

Foi naquele dia que formulei um bordão que o próprio Lona se encarregou de tornar conhecido: "Enólogo é um sujeito que diante do vinho toma decisões; eu, diante de decisões, tomo vinho".

Tenho criticado que no Brasil sabemos fazer vinho, mas não sabemos fazer sua imagem.

Vou repetir, antes que um aficionado empedernido comece a protestar. Fazemos um bom vinho brasileiro, com personalidade e estilos próprios, mas a imagem mercadológica é um desastre. O consumidor médio tem vergonha de tomar vinho brasileiro.

Por um breve momento, proliferando excessivos varietais, chegamos até a criar a ilusão de que eram californianos. A imagem só resistiu até chegarem os verdadeiros astros californianos. *Doublé* não vai na festa do Oscar nem para levar tiro.

Noutra tentativa, o *marketing* enveredou pelo caminho de provar que vinho é simples. Simples é cerveja. Vinho é especial e quem o bebe também é, e prova sê-lo quando bebe.

A receita é óbvia: a imagem do vinho brasileiro tem de ser construída realçando:

Competência, Tecnologia, Trabalho, Persistência, Bravura, Honestidade, Elegância e Sonho.

Está faltando um nome?

Chamem de Lona!

Curitiba, abril de 1996

Luiz Groff
Engenheiro em Curitiba. Autor do livro *Espírito do Vinho*.
Cronista de vinhos da *Gazeta do Povo,* do *Jornal de Brasília* e da *Revista do Vinho*.
Fundador e atual presidente da SPA do V – Sociedade Paranaense de Amigos do Vinho.

Sumário

INTRODUÇÃO 21

1. TABUS 27

2. A ARTE DA APRECIAÇÃO DO VINHO 33
Apreciação ou degustação? 34
Mecanismo neurofisiológico da degustação 35
Análise visual 38
    A cor 40
        A intensidade 40
        A tonalidade 41
    A presença de gás 47
    A limpidez 47
    A viscosidade 47
Análise olfativa 49
    Fineza 52
    Intensidade 54
        Aromas primários 54
        Aromas secundários 55
        Aromas terciários 55
Análise gustativa 56
    Sabor doce 58
        Classificação dos vinhos segundo a legislação brasileira 59
    Sabor ácido 59

Sabor salgado 62
Sabor amargo 62
Sensações do tato 62
   Sensação de calor 62
   Sensação de adstringência 63
   Sensações térmicas 63
O retrogosto 64
Sensações gerais 64
   A persistência 64
   A harmonia 65
Vocabulário da degustação 66
Relacionado à análise visual 66
Relacionado à análise olfativa 67
Relacionado à análise gustativa 68

3. O BRASIL NO MUNDO DO VINHO 71

A uva e o vinho no mundo 71
Ciclo anual regido pela variação de temperatura 72
Período de descanso ou repouso 72
Ciclo vegetativo 73
Ciclo anual regido pela poda e irrigação 74
Situação da vitivinicultura no mundo 75
Por que cai o consumo nos países tradicionalmente vitivinícolas? 76
O vinho no Brasil 77
Evolução da qualidade do vinho no Brasil 78
Etapa de 1970 a 1980 79
Etapa de 1980 a 1990 81
Etapa de 1990 até início do novo século 82
Evolução do mercado de vinhos no Brasil 84

4. PRINCÍPIOS BÁSICOS DA ELABORAÇÃO DE VINHOS E ESPUMANTES ... 91

Definição de vinho ...91
A origem das bebidas fermentadas ...92
A qualidade e características de um vinho ...94
A matéria-prima ...94
   O momento da colheita da uva ...96
Fatores que influem na qualidade e quantidade da uva ...98
   A escolha do porta-enxerto ...100
   O sistema de condução ...101
   Uvas comuns ...103
      Principais uvas comuns ...103
   Uvas viníferas ...103
      Uvas viníferas especiais ...104
      Uvas viníferas nobres ...105
A tecnologia ...107
Sistemas de elaboração de vinhos ...109
Elaboração de vinhos em branco ...110
   Para obter vinhos de cores pálidas ...111
   Para obter aromas intensos, delicados e persistentes ...112
   Para obter sabores ligeiros e equilibrados ...112
   Distribuição do suco no grão de uva ...113
   Prensagem ou extração do suco das uvas brancas ...114
   Limpeza do suco antes da fermentação ...114
   Fermentação com controle automático da temperatura ...116
   Utilização de leveduras selecionadas ...118
   Utilização de leveduras nativas, selvagens ou indígenas ...119
   Resumo da elaboração em branco ...119
Elaboração de vinhos em tinto ...121

Desengaçado (retirada do cabinho) 121
Maceração 121
*Esquema de elaboração de vinhos tintos jovens
(para consumo rápido, no máximo em dois ou três anos)* 125
*Esquema de elaboração de um vinho tinto de guarda
(para ser consumido somente após quatro-cinco anos e
durante o maior tempo possível)* 126
Elaboração de vinhos em rosado 127

5. OS ESPUMANTES NATURAIS 131

Definição legal de espumante natural no Brasil 131
Origem dos espumantes naturais 131
A champagne 133
A vinificação no método *champenoise* 135
O corte ou mistura (o *assemblage*) 136
Método *champenoise* para elaborar espumantes naturais 137
   *O engarrafamento para tomada de espuma
(le tirage et la prise de mousse)* 137
   A maturação sobre as leveduras (la maturation sur lies) 138
   A remoção (le remuage) 139
   O congelamento do depósito (le dégorgement) 141
     Importância do licor de expedição 142
   Fechamento 143
   Envelhecimento 144
Método *charmat* para elaborar espumantes naturais 144
Alguns comentários sobre os métodos 146
Outros espumantes naturais 147
   Cava 147
   Asti 148
   Sistema Mensio para elaborar asti spumanti 150

O "asti" brasileiro 150
Prosecco 152
O Prosecco brasileiro 153
Os espumantes no Brasil 154
   Características organolépticas de um bom espumante 155
      Análise visual...155
      Análise olfativa..156
      Análise gustativa...156

6. O SERVIÇO DO VINHO 157

Local mais apropriado para comprar..................................157
A apresentação do vinho..159
   A garrafa 159
   A rolha 161
   Outros tipos de fechamento..165
   A cápsula 166
   O rótulo...167
Comentários sobre a legislação de Vinhos no Brasil
(importante como cultura geral) 167
   Informações obrigatórias 172
   Informações facultativas..174
Formação da adega 175
Como formar a adega 177
   Que guardar 177
   Os que devo ter, sim ou sim 178
   Onde guardar..179
   Como guardar...179
O serviço do vinho em casa 181
   O copo...181

A temperatura de serviço dos vinhos e espumantes 182
Abertura do vinho 187
Características de um bom saca-rolhas 189
A rolha 190
Como servir o vinho 191
Quanto e quantos vinhos servir 192
   Quanto vinho 192
   Quantos vinhos 192
A sequência adequada dos vinhos 193
Noite feliz ou de terror 193
O eterno esquecido 195
Serviço especial do espumante 197
   Serviço correto do espumante 198
   O sabrage 202
Harmonização de pratos e vinhos 203
   Regras... e como quebrá-las 203
   Vinhos brancos 203
      Chardonnay 204
      Sauvignon Blanc 204
      Ingredientes ardilosos para os brancos 205
   Vinhos tintos 205
   Espumantes 206
      Casamentos perfeitos com espumantes 206
Queijos e vinhos 206
O serviço do vinho nos restaurantes 206
   A adega do restaurante 207
   A carta de vinhos 208
   O que é inaceitável no serviço dos restaurantes 209

VOCABULÁRIO ENOLÓGICO E ENÓFILO **211**

Introdução

A ideia de escrever um livro sobre vinhos, abordando os temas elaboração, serviço e degustação, resultou da magnífica experiência pessoal que tenho vivido nestes algo mais de 50 anos no Brasil, participando da alentadora evolução da indústria vitivinícola nacional.

A primeira versão esgotou suas edições rapidamente e anos depois editei a segunda versão, atualizando os dados e acrescentando o capítulo especial sobre espumantes.

Nesta edição, de 2022, sob o título *Vinho Sem Frescuras,* feita com minha editora de sempre, a AGE de meu querido amigo Paulo Flávio Ledur, acrescentei alguns temas novos, necessários devido à evolução da vitivinicultura, dos hábitos, modismos e novidades no mercado. Espero ter conseguido manter a didática fácil e simples, assim como a profundidade do conteúdo.

Nascido em Buenos Aires e criado em Mendoza, a província argentina maior produtora de vinhos, onde me formei em Viticultura e Enologia no ano de 1965, cheguei ao Brasil com minha família em janeiro de 1973.

Garibaldi foi a cidade da Serra Gaúcha onde fixei residência, contratado pela Martini e Rossi para desenvolver o projeto de elaboração de vinhos e espumantes para a companhia, na época já comercializando o Château Duvalier, o primeiro vinho fino brasileiro distribuído nacionalmente.

Não sou defensor do vinho brasileiro pelo simples fato de participar deste setor, mas por ter sido testemunha dos esforços, seja na área da produção de uvas, como na de elaboração de vinhos, que foram realizados nas últimas décadas.

A tecnologia aplicada nas cantinas da Serra, implementada inicialmente pelas empresas internacionais chegadas na década de 70 e complementada nos anos posteriores pela evolução em especial das vinícolas familiares, coloca o Brasil em posição de destaque no cenário internacional.

Sistemas modernos de prensagem das uvas brancas, instalações de fermentação em reservatórios de aço inoxidável com dispositivos que controlam eletronicamente a temperatura de fermentação e o uso de madeiras nobres, como as barricas de carvalho, para amadurecer vinhos tintos, são exemplos de alguns investimentos realizados pelas principais cantinas que contribuíram para o aprimoramento da qualidade.

Graças a isso, no Brasil, onde o clima nem sempre ajuda, se elaboram vinhos brancos jovens, frutados, fáceis de serem consumidos, e tintos que surpreendem a cada ano pela sua estrutura e potencialidade.

Lamentavelmente, o baixo consumo de vinhos no País (menos de 2,5 litros *per capita*/ano), resultado da falta de hábito e de tradição, faz com que as pessoas pouco conheçam sobre o avanço qualitativo dos vinhos nacionais e optem pelo importado barato e de qualidade duvidosa.

Estou convencido de que existe uma única forma de combater isso, e é através do trabalho lento e gradual de educação do consumidor aos sabores próprios do vinho. Ele é e sempre será o verdadeiro juiz.

É nessa direção que dirijo este trabalho.

Sobram livros onde se relacionam as melhores regiões produtoras do mundo, os melhores vinhos, os melhores preços e onde adquiri-los.

Os leitores dessas obras se guiam por elas e dificilmente erram.

Com meu trabalho pretendo auxiliar o consumidor que deseja se iniciar no mundo do vinho. Aquele que enfrenta as prateleiras quilométricas dos supermercados, e não sabe se escolhe pelo nome, pela cor do rótulo, pela cor e forma da garrafa, pelo preço ou, desistindo ante tantas dúvidas, parte "pra cerveja".

Pretendo desmitificar o vinho, mostrando toda a sua simplicidade, esclarecendo alguns tabus justificados e outros condenáveis.

Contrario alguns autores no capítulo da degustação, que insistem em diferenciá-la em técnica e hedonista, e atribuir esta diferença à existência de "especialistas ou profissionais", que degustam procurando defeitos, e "apreciadores ou consumidores", que degustam por prazer, procurando as coisas boas do vinho.

O aprender a degustar vinhos é descobrir as razões pelas quais um vinho, ao ser bebido, dá mais prazer que outro.

O enólogo, por força da profissão, degusta procurando inicialmente os defeitos de um vinho, e com essa atitude esquece ou deixa de lado, aparentemente, o prazer da apreciação. Nada mais errado do que pensar isso. As repetidas sessões de degustação que o enólogo realiza semanalmente são o momento mais agradável de sua rotina de trabalho.

Nada mais gratificante que conduzir, corrigir, enfim criar um produto que é diferente a cada safra, que evolui a cada dia, que pode melhorar pela ação do enólogo ou piorar pela sua indiferença.

Ser enólogo e pretender escrever um livro sobre vinhos na altura dos já feitos no Brasil foi um enorme desafio, já que deveria abordar os aspectos técnicos com a melhor didática possível.

Os Cursos de Vinhos que desde 1988 ministrei na De Lantier e pelo Brasil afora e agora na minha pequena Vinícola Urbana produtora de espumantes, a Vinhos e Espumantes Adolfo Lona, localizada em Porto Alegre, para pessoas interessadas em conhecer melhor esse magnífico produto, me ajudaram muito a detectar a linguagem mais apropriada e os temas que mais interessam.

Espero transmitir os conhecimentos de forma clara, simples e prática, e deixar claro ainda que o enólogo não é somente um químico, um cientista. É tudo isso e ainda um sensitivo, devendo conduzir o processo natural de transformação do suco em vinho de modo a extrair da matéria-prima sempre variável o melhor de sua potencialidade.

Há pessoas que a cada início de safra perguntam se o vinho será bom ou ruim. Nada justifica vinhos ruins, a não ser a incompetência do profissional enólogo. Os vinhos corretos são diferentes a cada ano. Alguns anos com maior estrutura e potencialidade para guarda, outros nem tanto.

Espero ao longo deste trabalho conseguir que as pessoas entendam como são ridículas expressões do tipo: "o vinho brasileiro é o melhor do mundo" (dando uma de patriota) ou "somente o vinho importado é bom" (dando uma de esnobe). Os vinhos são diferentes de região para região, de país para país, porque as condições de solo e clima assim o determinam. Esta, certamente, é a maior virtude do vinho. Podemos descobrir em cada copo a enorme gama de cores, aromas e sabores que resulta das diversas variedades de uva produzidas nos mais diferentes locais do mundo.

Você já imaginou o vinho ser padronizado como o refrigerante? Nada mais enfadonho, certamente.

Nos capítulos da Degustação e Serviço do Vinho, não pretendo dizer de que vinhos você deve gostar, e sim auxiliá-lo na procura das razões pelas quais você eventualmente gostou de determinado vinho.

Não devemos esquecer que consumir vinhos é um prazer, independentemente do tipo, país de origem, embalagem, preço, etc. Saiba descobrir, até no mais humilde dos vinhos, suas virtudes, suas particularidades.

SIMPLIFIQUE O ATO ROTINEIRO DE "TOMAR VINHO"

Ou seja, beba vinho na hora que quiser, no copo que tiver, puro ou misturado com um pouco de água. O vinho é e sempre será a única bebida capaz de satisfazer a sede do corpo e da alma. Devemos lembrar que o consumo de vinho diluído ou misturado com água e/ou gelo permite a alguns países tradicionais manter elevado o consumo *per capita* e ainda educa o paladar aos sabores típicos do vinho. Alguma vez experimentou o refresco de vinho (com água gaseificada e gelo) num dia quente, como substituto de uma eventual cerveja?

VALORIZE O ATO ESPECIAL DE "APRECIAR UM VINHO"

Reserve para estas ocasiões as pequenas regras que permitirão aproveitá-lo ao máximo. Neste caso, sim, são importantes tipo e tamanho do copo, temperatura correta, abertura antecipada, sequência correta, etc.

Saber apreciar vinhos exige um mínimo de investimento pessoal, como tempo, dedicação, interesse e, principalmente, humildade para nunca achar que já conhece tudo. O caminho passa invariavelmente pelo consumo habitual, quase diário.

Proporcione ao vinho as mínimas condições para que possa lhe oferecer o melhor de si.

Certamente jamais se arrependerá disso.

SEJA RESPONSÁVEL!

Como industriais, técnicos, consumidores e apreciadores, devemos assumir a responsabilidade social que nos cabe: ensinando e mostrando o que significa saber beber. Devemos ter sempre presente uma regra de postura que eu chamo de MM: Modalidade e Moderação.

Essas simples palavras são a base da relação do vinho conosco. Modalidade, de como beber; moderação, de quanto beber.

MODALIDADE: sempre acompanhado de comidas, como parte de um hábito salutar de alimentação, apreciando, saboreando, tendo prazer antes, durante e depois, sendo consciente dos limites que existem entre o prazer e o mau uso.

MODERAÇÃO: o hábito de consumo diário de uma ou no máximo duas taças durante as refeições é a melhor forma de integrar o vinho a nossa dieta alimentar e desfrutar de seus benefícios à saúde. Não sejamos "apreciadores de fim de semana", quando o clima de festa nos induz a consumir às vezes exageradamente, quando estamos despreparados para isso. Lembremos que ninguém nasce alcoólatra. Vamos, devagar, transformando-nos em alcoólatras.

Nada mais desagradável que beber apenas pelo álcool.

Nada mais agradável que beber pelo prazer dos sabores do produto.

Adolfo Alberto Lona

Tabus

1

As explicações dadas para manter ou não a veracidade de algumas afirmações consagradas serão mais bem compreendidas ao longo dos capítulos deste trabalho.

"O vinho quanto mais velho, melhor."

MEIA VERDADE. Depende do vinho.
Geralmente, o vinho inicia sua fase de envelhecimento na própria garrafa, na ausência de oxigênio, quando desenvolve seu sabor "aveludado" e forma seu "buquê complexo".

Por isso, para todos os vinhos faz bem algum período de permanência na garrafa, sempre que seja breve (de 6 a 12 meses).

Tempos superiores a esses, e que já constituem verdadeiro envelhecimento, são benéficos para vinhos elaborados com esse objetivo, como é o caso dos tintos com estrutura, encorpados, capazes de suportar essa fase, ganhando qualidade no sabor e nos aromas.

Antes de envelhecer algum vinho na sua adega, pergunte-se:
Vale a pena? Este vinho melhora?
Se não sabe a resposta, faça a prova. Deguste-o logo ao adquiri-lo, quatro meses depois, dez meses, etc.

Essa é a melhor forma de conhecer os vinhos que repousam em sua adega.

> "Degustar vinhos e saber apreciá-los com
> objetividade é privilégio de algumas pessoas
> que estudam ou viajam para isso."

NADA MAIS ERRADO.

Todas as pessoas têm a mesma capacidade de "sentir" e por isso todas são potencialmente bons degustadores.

Não é privilégio dos enólogos, que estudam e se empenham nessa tarefa. Toda pessoa que se empenhe, que invista, dedicando tempo (lendo, visitando cantinas, participando de cursos), atenção, dinheiro (adquirindo vinhos periodicamente para degustá-los), educa seu paladar e aprende.

Naturalmente, como em todas as coisas, jamais deve achar que já sabe tudo. A humildade é uma virtude básica de quem quer aprender.

> "Enólogos ou enófilos são todas
> as pessoas amantes do vinho."

ERRADO.

Que enólogos e enófilos amam o vinho é verdade. Porém, enólogo é o profissional formado em Escola Superior ou Universidade, na arte e ciência da elaboração de vinhos e derivados da uva e do vinho.

Enólogo (que é também enófilo) é o responsável técnico dos estabelecimentos vinícolas em todo o mundo. Em alguns países, como o Chile, por exemplo, a figura do enólogo é substituída pela do Engenheiro-Agrônomo.

Enófilo é o amante do vinho, seu apreciador, sem responsabilidade por sua elaboração.

> "O vinho tem de ser sempre igual. Vinho que
> muda a cada ano, não é confiável."

ERRADO.

O vinho, por ser um produto elaborado e não fabricado, não é resultado de fórmulas preestabelecidas. Ele é resultado da fermentação natural da uva de uma região, de um solo, e das condições climáticas do ano da colheita ou safra. Por isso, o vinho é diferente a cada ano em função do clima, que é um fator variável a respeito do qual o enólogo nada pode fazer.

Os vinhos que devem manter suas características uniformes ano a ano são os base para espumantes e os vinhos genéricos ou de *assemblage,* ou seja, vinhos que não declaram a safra (salvo para anos excepcionais) e que são resultado da mistura de diversos anos ou variedades com a finalidade de manter o tipo ou padrão.

Os vinhos safrados, ou que declaram sempre o ano da colheita da uva, o fazem exatamente por serem diferentes a cada vindima. Exigir que uma determinada marca de vinho, que declara o ano de colheita e a uva com a qual foi elaborado (ou a que prevalece) no rótulo, seja igual todos os anos é, no mínimo, não entender esses vinhos. Devem ser diferentes a cada colheita, sempre de boa qualidade, mas com características organolépticas diferentes.

Como justificar que um Cabernet Sauvignon da Serra Gaúcha elaborado com uvas colhidas em 1991 tenha características organolépticas semelhantes a um da safra 1990, quando as condições climáticas foram absolutamente diferentes?

Não condene antecipadamente uma das características mais nobres do vinho: diferente a cada ano, mas capaz de nos cativar sempre.

> "Vinho varietal (ou que declara no rótulo
> a uva com a qual foi elaborado)
> é melhor que vinho genérico."

NEM MELHOR, NEM PIOR.
Declarar a uva no rótulo é simplesmente acompanhar uma tendência moderna que procura informar ao máximo o consumidor sobre a composição e as características do produto que adquire. Os vinhos tintos varietais ou genéricos, nacionais ou importados, na grande maioria dos casos, são mistura de vinhos onde naturalmente prevalece uma variedade que é complementada por outra(s). Essa mistura, chamada "corte", é uma prática consagrada que permite obter um produto final mais completo, complexo. Os famosos vinhos da região de Chateauneuf-du-Pape, na França, são elaborados a partir de muitas variedades: exatamente 13, sendo por isso conhecido como a "sinfonia das 13 variedades".

"O vinho rosê é ruim, porque é uma mistura de branco e tinto."

Por puro preconceito, condenam-se todos os vinhos rosados. O vinho rosê é elaborado a partir de uvas tintas, e as cascas permanecem pouco tempo em contato com o suco. Por isso sua cor mais pálida e clara.

Existem, sim, casos de rosados obtidos pela mistura de branco (ao redor de 90%) e tinto (10%). Por que condenar mistura de branco e tinto se admitimos a mistura de tintos ou brancos? Na realidade, o vinho rosado brasileiro, levemente adocicado e ligeiro de sabor, foi a porta de entrada de muitos consumidores pouco acostumados aos sabores próprios do vinho. Muito devemos agradecer a esse tipo de vinho por ter possibilitado a iniciação no vinho de novos consumidores.

"O vinho brasileiro não é vinho, porque é necessário colocar açúcar para completar sua graduação alcoólica."

Quem faz uma afirmação dessas desconhece que na França e em outros países da Europa isso também é permitido para vinhos provenientes de regiões onde o clima não permite que as uvas atinjam o ponto de amadurecimento completo. Na realidade, a colocação de açúcar de uva, cana ou beterraba só é permitida até um determinado limite, controlado rigorosamente, e em nada afeta as características organolépticas do futuro vinho. Alguns enólogos europeus afirmam que do ponto de vista qualitativo, especialmente dos vinhos brancos, é melhor elaborá-los com uvas semimaduras e permitir que se corrija a deficiência com açúcar. Naturalmente, para os vinhos tintos as uvas devem atingir um grau de amadurecimento tal que assegure a presença importante de componentes da cor.

"O vinho bebido moderadamente faz bem à saúde."

Nada mais verdadeiro, desde que respeitando o binômio modalidade e moderação.

Modalidade de beber, devagar, apreciando, saboreando, acompanhado de alimentos ou petiscos. Moderação, respeitando seus limites, sem exageros, preservando a magia do momento.

Inúmeros trabalhos científicos comprovam essa afirmação.

O mais curioso é o chamado "Paradoxo Francês", do Dr. Serge Renaud, professor da Universidade de Bordeaux e diretor do Instituto Nacional de Saúde e Pesquisas Médicas da França.

Ele demonstrou, através de estudos feitos em milhares de pessoas na França, que o índice de mortes por problemas cardíacos naquele país é o mais baixo em relação a outros países do Ocidente. O paradoxo é que na França o consumo de cigarros e lipídios, os níveis de colesterol e a pressão arterial são tão altos como nos outros países. Comprovou que o consumo moderado de bebidas alcoólicas permite reduzir o risco em até 60%.

O Dr. Renaud aprofundou os estudos para verificar quais eram as bebidas mais benéficas: a cerveja, os destilados ou o vinho? Sua conclusão surpreendeu o mundo e alegrou os amantes do bom vinho: de 2 a 4 copos de vinho por dia durante as refeições são 40% mais benéficos que outras bebidas. Ao pesquisar qual motivo levava ao vinho, o Dr. Renaud descobriu um polifenol encontrado nas cascas das uvas tintas, chamado **resveratrol**, que tem a capacidade de estimular a formação do bom colesterol (HDL) e inibir a formação do colesterol mau (LDL). Esse efeito resultava na diminuição da formação de plaquetas e, por consequência, do risco de tromboses.

Estudos recentes feitos na Universidade do Rio Grande do Sul comprovaram que o clima úmido da Serra Gaúcha faz com que as uvas tintas da região tenham maiores teores de **resveratrol** que as de outras regiões. A videira, ao sentir-se ameaçada do ataque de fungos próprios de climas úmidos, produz maior quantidade de **resveratrol** como uma forma de defesa. Os vinhos tintos possuem maior carga de **resveratrol**, devido a que são elaborados através do contato prolongado das cascas com o suco.

O Dr. Renaud afirma que até agora foi comprovado somente o efeito benéfico do vinho, o qual considera elemento importante na medicina preventiva.

A arte da apreciação do vinho

2

O vinho é uma bebida tão ilustre e apreciada que mereceu do famoso escritor espanhol García Lorca o seguinte conceito: "Gostaria de ser todo de vinho para beber-me eu mesmo".

O homem moderno, desejoso de conhecer e apreciar os prazeres honestos da vida, sabe, cada dia mais, que ela passa, obrigatoriamente, por uma aproximação do vinho.

Poderíamos rapidamente definir o perfil desse homem moderno, que precisa integrar-se à cultura vínica, e o descreveríamos como uma pessoa com anseios e sensibilidade superior à média normal e possuidor de condições inatas, para apreciar diferentes expressões da arte.

Quando ele descobre o mundo do vinho, sente uma forte ilusão e uma necessidade espiritual de participar dele, e, a partir desse momento, constitui-se em protagonista do desenvolvimento dessa cultura.

E esse homem vai encontrando pouco a pouco, e definindo em seu interior, a enorme diferença que existe entre o respeito por essa verdadeira tradição quase bíblica e o efêmero superficial esnobismo de uma moda.

E ao aproximar-se, sentirá a autêntica necessidade de aprender coisas sobre o vinho, que se manifestará não somente em numerosas sessões de degustação, mas também na leitura de tudo aquilo que se refere a ele e suas regiões produtoras.

APRECIAÇÃO OU DEGUSTAÇÃO?

Antes de iniciarmos o tema "Apreciação do vinho ou degustação?", é necessário esclarecer que o vinho é uma bebida extremamente simples, natural, e assim deve ser tratado e interpretado.

Descreveremos as regras e os mecanismos da apreciação, sem pretender que cada contato do consumidor com o vinho se transforme numa cerimônia complicada e estafante, pelo excessivo número de "normas e exigências".

Na realidade, no hábito diário de consumo incorporamos a nossos gestos naturais aqueles que nos permitem, numa sequência correta, descobrir com simplicidade as características de cor, aroma e sabor de determinado vinho.

As informações que vamos recebendo dessas análises nos permitem formar um "juízo" sobre o produto avaliado, resultante do somatório dessas informações.

A resposta correta para o questionamento de *qual é o melhor vinho* é sem dúvida: *aquele que nos dá prazer ao bebê-lo, caro ou barato, nacional ou estrangeiro, branco, tinto ou rosado.*

Seu gosto pessoal sempre será decisório. Veja que magnífica observação sobre apreciação fez Contardo Calligaris, psicanalista, escritor e dramaturgo italiano radicado no Brasil:

> Apreciar não significa avaliar se uma obra respeita o cânone
> Apreciar é uma questão de gosto
> E a falta de critérios nos acanha e intimida
> A subjetividade comanda o espetáculo.

Se a esse conceito você acrescenta o que nosso magnífico jornalista e intelectual Rui Carlos Ostermann disse, chegará à fácil conclusão de que a paciência e perseverança poderão torná-lo um apreciador de respeito.

> Gosto não se discute... mas se aprimora.

Se você começou com vinhos mais simples, não fique ansioso. Com o consumo diário, irá aprimorando seu paladar e aprendendo de forma natural.

Há vinhos bons, alguns não tão bons e também alguns ruins em todas as regiões produtoras do mundo.

Está em você descobri-los.

Esperamos poder ajudá-lo.

MECANISMO NEUROFISIOLÓGICO DA DEGUSTAÇÃO

O Prof. Renato Ratti, em sua obra *Como Degustar os Vinhos,* define a degustação como *"a coordenação de um complexo mecanismo de estímulo, que interessando os sentidos do homem dá origem a diferentes sensações. O reconhecimento e a interpretação dessas sensações dão origem à percepção."*

Sensações e percepções são os elementos básicos da degustação.

As sensações, que são subjetivas, devem ser reconhecidas e interpretadas através da percepção, que é um fenômeno objetivo.

No desenho da página seguinte, observamos na sequência:

- O ESTÍMULO: A cor, os aromas e o sabor do vinho estimulam nossos sentidos da vista, olfato, gosto e tato de forma diferenciada, conforme as características dele.
- ÓRGÃOS DOS SENTIDOS: São os chamados receptores neurossensoriais através dos quais captamos os estímulos. São, como vimos antes: a vista, o olfato, o gosto e o tato, e funcionam como "radares".
- SENSAÇÃO: São as resultantes do binômio estímulo-receptor. Está comprovado que as sensações são identificadas de modo similar, às vezes idêntico, por pessoas diferentes. Ou seja, todas as pessoas têm condições "inatas de sentir" de forma semelhante.

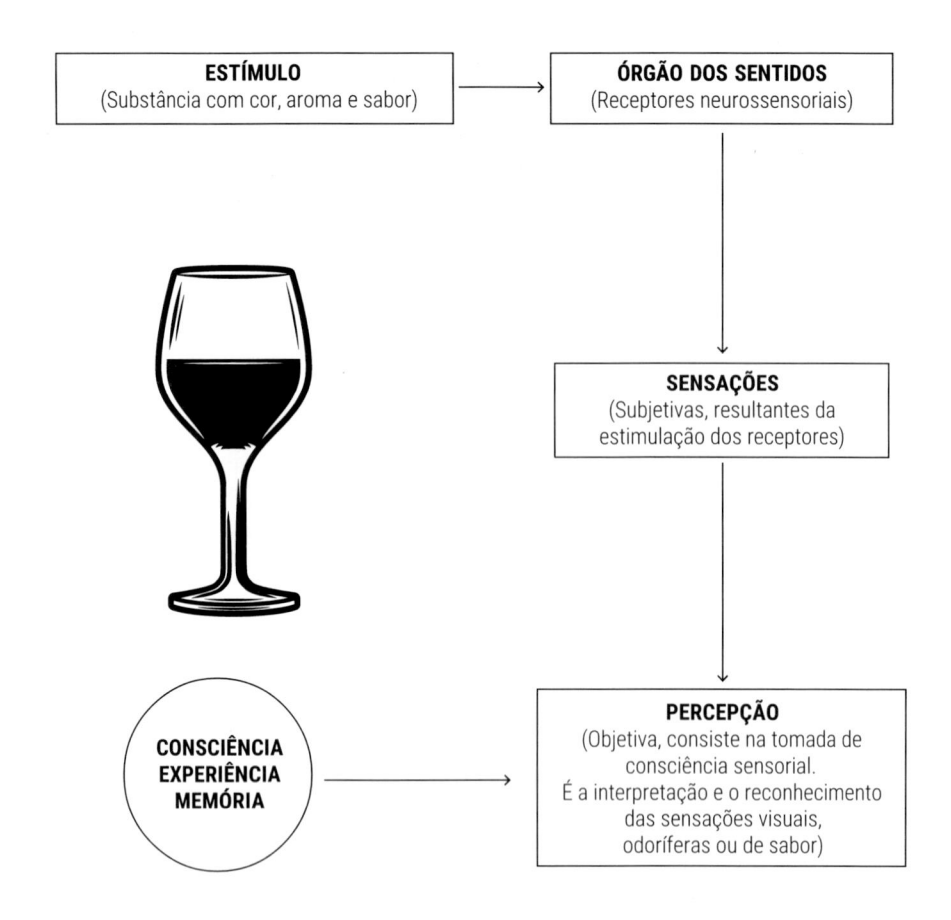

```
    ┌─────────────────────────────┐         ┌─────────────────────────────┐
    │         ESTÍMULO            │         │    ÓRGÃO DOS SENTIDOS       │
    │ (Substância com cor,        │ ──────▶ │ (Receptores neurossensoriais)│
    │  aroma e sabor)             │         │                             │
    └─────────────────────────────┘         └─────────────────────────────┘
                                                           │
                                                           ▼
                                            ┌─────────────────────────────┐
                                            │         SENSAÇÕES           │
                                            │ (Subjetivas, resultantes da │
                                            │  estimulação dos receptores)│
                                            └─────────────────────────────┘

    ┌───────────────┐                       ┌─────────────────────────────┐
    │  CONSCIÊNCIA  │                       │         PERCEPÇÃO           │
    │  EXPERIÊNCIA  │ ──────▶               │ (Objetiva, consiste na tomada│
    │   MEMÓRIA     │                       │   de consciência sensorial. │
    └───────────────┘                       │  É a interpretação e o      │
                                            │  reconhecimento das         │
                                            │  sensações visuais,         │
                                            │  odoríferas ou de sabor)    │
                                            └─────────────────────────────┘
```

- PERCEPÇÃO: É a interpretação das sensações através da qual, de forma objetiva, associando, reconhecendo, podemos formar uma opinião, uma ideia da informação que a sensação nos transmite. Um exemplo: se a cor de um vinho branco jovem é amarela intensa, poderá nos indicar um avançado estágio de amadurecimento ou, eventualmente, "oxidação" ou ainda envelhecimento precoce. Por quê? Porque a cor de um vinho branco jovem geralmente é dourada pálida e a presença de amarelo intenso é sintoma dos casos citados. Ou seja, a sensação visual foi interpretada em função de parâmetros armazenados na memória.

A consciência, a experiência e a memória desempenham papel fundamental na percepção.

A consciência, porque é necessário prestar atenção, colocar os sentidos em alerta no momento da degustação; a experiência, porque através dela são facilitadas as identificações organolépticas; e a memória, porque é fundamental como "arquivo de sensações visuais, olfativas e gustativas".

Sintetizando esta primeira definição da degustação, podemos concluir que:

1. Todos temos a mesma capacidade de "sentir".
2. Com aplicação e treinamento, podemos chegar a identificar as características diferenciadas dos vinhos.
3. Todos "temos a mesma capacidade de ser degustadores".

> Ou seja, ser um bom degustador de vinhos não é privilégio de profissionais, enólogos ou estudiosos. Essa capacidade está ao alcance de todos. Basta se empenhar nisso.

Naturalmente, ter alguns conhecimentos técnicos sobre características das uvas, sistemas de elaboração dos diversos vinhos e particularidades organolépticas dos diferentes vinhos e regiões permitirá ao degustador emitir um juízo mais aprofundado, identificar defeitos e virtudes comparáveis, sem ficar limitado ao simples "é bom" ou "é ruim".

O bom degustador deve dizer o *porquê das qualidades de um vinho*.

ENÓLOGO é o indivíduo que, perante o vinho, toma decisões.
ENÓFILO é o indivíduo que, perante as decisões, toma vinho.

Esta espirituosa comparação é de meu querido amigo engenheiro e jornalista curitibano Luiz Groff. Ele simplifica magnificamente as definições de enólogo e enófilo, sendo importante destacar que todo enólogo é um enófilo.

Existem algumas regras básicas que permitem ou facilitam o total aproveitamento dos sentidos e posteriores percepções:

1. Evite degustar após as refeições. Os sentidos estão "cansados" pela interferência dos sabores dos alimentos. Um horário excelente é na metade da manhã, entre 10 e 11 horas.
2. Escolha um local de boa luminosidade e arejado, para facilitar o exame visual e olfativo.
3. Coloque toalha branca nas mesas, para facilitar o exame visual à contraluz.
4. Utilize copos de cristal lisos, de bom tamanho, bem secos e com pé, de modo a evitar de pegá-los pelo corpo. Assim não iremos aquecer o vinho nem transmitir odores, interferindo na apreciação.
5. Procure colocar os vinhos na temperatura ideal: brancos entre 8 e 10 graus (meia hora num balde de gelo) e tintos entre 16 e 18 graus.
6. Respeite a ordem apropriada:
   - brancos antes dos tintos;
   - secos antes dos *demi-sec* ou suaves;
   - jovens antes dos envelhecidos.

A degustação compreende, pela ordem, três análises: análise visual, análise olfativa e análise gustativa.

ANÁLISE VISUAL

Para facilitar esta análise, recomendamos proceder como mostramos a seguir:

- copos lisos e absolutamente transparentes;
- toalha ou papel branco na mesa;
- observar inicialmente a intensidade da cor com o copo na posição vertical;
- observar posteriormente a tonalidade da cor com o copo inclinado, para diminuir o volume de líquido e aumentar a transparência.

Na análise visual, identificamos basicamente quatro elementos que compõem o ASPECTO do vinho: a cor, a presença de gás, a limpidez e a viscosidade.

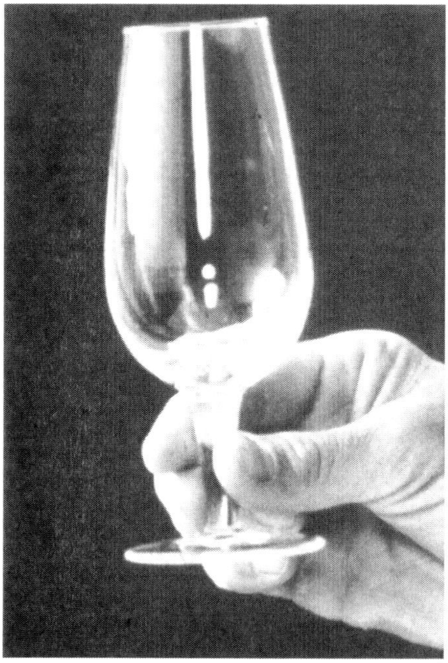

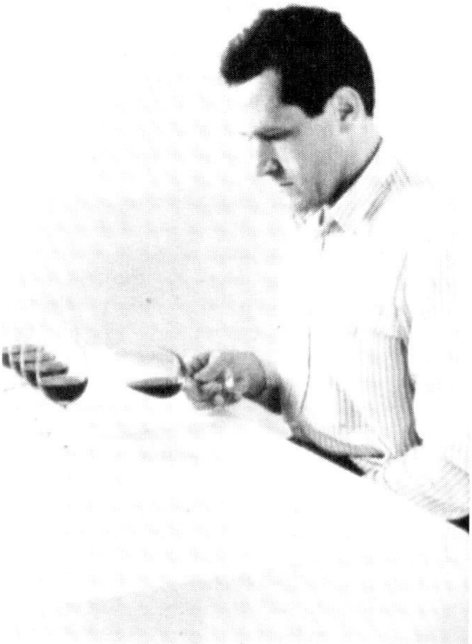

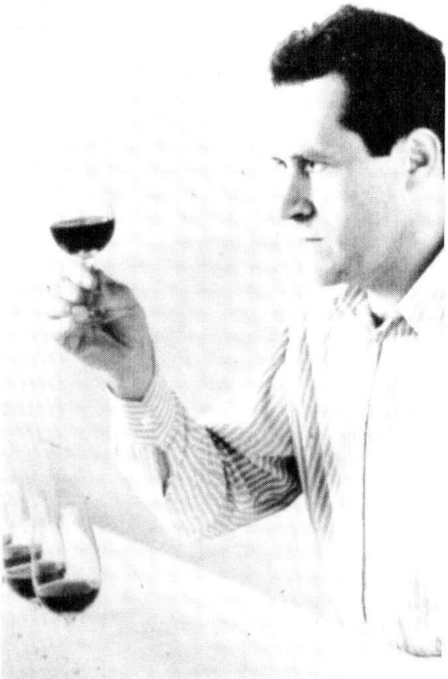

A cor

O primeiro contato com o vinho é através da análise visual, importantíssima, já que permite obter informações valiosas, muito além da simples cor branca, tinta ou rosada.

Ao longo dos anos, acumulamos na memória uma gama infinita de cores e tonalidades, e geralmente as diferenciamos com extrema facilidade.

A cor de um vinho é composta por variações de diversas combinações, sendo que uma cor prevalece, e a ela se somam reflexos diferentes que poderão nos indicar se um vinho é jovem ou velho, bem elaborado ou não, bem conservado ou não, etc.

Na análise da cor, devemos observar duas variáveis importantes, que são a intensidade e a tonalidade.

A intensidade

A intensidade da cor de um vinho é um conceito associado à transparência ou passagem da luz. A análise se faz com o copo na posição vertical. Um vinho de cor intensa é aquele em que a cor é mais forte, onde a luz não passa na análise contra fundo claro (toalha ou papel branco). Um vinho de pouca intensidade é aquele em que a cor é mais "fraca", apresentando transparência à luz.

Para os vinhos brancos, utiliza-se outro critério, já que estes devem ser absolutamente transparentes. Devemos analisar sob o aspecto de verificar cores pálidas (verdes, douradas ou amarelas), que são sintomas de vinhos jovens, bem elaborados, originários de regiões de uvas menos maduras, e muito bem conservados, ou cores intensas, que, salvo raras exceções (alguns Chablis franceses), são sintomas de vinhos brancos maduros, originários de regiões mais quentes, elaborados com pouca tecnologia ou oxidados por má conservação.

Para os tintos, os enólogos procuram boa intensidade, já que este fator transmite "potência", vitalidade, força ao vinho, e isto é muito apreciado pelo degustador.

As cores com pouca intensidade geralmente não são estáveis e mudam facilmente com o tempo, não evoluindo bem quando envelhecidos.

A intensidade de um vinho tinto, que transmite a vitalidade e a força citadas, resulta de algumas variáveis, como:

1. **GRAU DE MATURAÇÃO DAS UVAS:** Na fase final de maturação, a uva acumula nas cascas os componentes da cor que durante a elaboração são repassados ao vinho. Chuvas intensas, falta de sol e luminosidade, e temperaturas altas e constantes impedem a formação desses componentes.
2. **VARIEDADE DA UVA:** Algumas castas possuem maior carga de componentes da cor, como Cabernet Sauvignon, Tannat, Merlot, Carmenere, etc., e outras menores, como Pinot Noir e Gamay.
3. **TIPO DE SOLO:** Os solos equilibrados ou calcários (não ácidos) proporcionam uvas com mais cor.
4. **ESTADO SANITÁRIO DAS UVAS:** Uvas podres perdem boa parte dos componentes da cor.
5. **PRODUTIVIDADE:** Excesso de produtividade por pé impede a boa maturação das uvas tintas.

Na página 43, observamos intensidades variáveis de vinhos brancos, rosês e tintos.

A tonalidade

É um conceito associado a tons. São observados com o copo inclinado, para facilitar a transparência. No caso dos vinhos tintos, quanto mais vermelho, mais jovem, e quanto mais laranja, mais velho. Para os brancos, quanto mais pálido, mais novo, e quanto mais amarelo, mais "oxidado", que pode ser consequência da idade ou da conservação.

Com o tempo, a cor dos vinhos evolui, se modifica, seja durante sua permanência na cantina, ou durante sua guarda na adega. É um fato normal e próprio da composição química da cor dos vinhos. Os componentes da cor, pela ação do oxigênio, da luz e/ou da temperatura, vão sofrendo alterações e mudam, passando do vermelho ao laranja nos tintos e do dourado pálido ao amarelo nos brancos.

Na página 44, podemos verificar exemplos de vinho tinto jovem, maduro e velho, onde observamos a evolução dos tons que incorporam ao vermelho-violáceo tons laranja e marrons, perdendo intensidade.

A cor vermelha é própria dos vinhos novos ou jovens e a "atijolada", própria dos vinhos velhos.

Devemos analisar a cor principal (vermelha) e os tons (laranja, marrons, amarelos) que surgem como reflexos. Para isso é fundamental observar com o copo inclinado contra a toalha/papel branco, de modo a diminuir o volume de vinho e aumentar a transparência, o que nos permitirá ter uma visão mais clara e precisa.

No caso dos vinhos brancos, a evolução incorpora reflexos amarelos aos tons dourados pálidos. Quanto mais intensos os tons amarelos, mais maduro, velho ou mal conservado está o vinho (ver página 45). Quando a ação do tempo ou dos fatores citados acima influiu exageradamente, o vinho branco poderá encontrar-se "oxidado", perdendo as características organolépticas de frescor, de juventude, prevalecendo agora as cores, aromas e sabores de frutas supermaduras.

É importante comprovar na análise organoléptica total se uma eventual acentuação dos tons amarelos efetivamente alterou aroma e sabor, antes de concluir somente pelo exame visual.

Descreveremos em continuação a gama de tonalidades que caracterizam os diferentes vinhos tintos e brancos:

VINHOS TINTOS

Vermelho-violáceo	**VINHO JOVEM**
Vermelho-rubi com reflexos violáceos	
Vermelho-rubi	
Vermelho-rubi com reflexos laranja	
Vermelho-granada	
Vermelho-granada com reflexos laranja	**VINHO VELHO**

VINHOS BRANCOS

Branco com reflexos esverdeados	**VINHO JOVEM**
Branco com reflexos dourados	
Dourado com reflexos amarelos	
Amarelo palha	
Amarelo dourado	
Amarelo âmbar	**VINHO VELHO**

Vinhos conservados nas adegas particulares a temperaturas elevadas (superiores a 18-20 graus) e expostos à luz natural (próximos a janelas) envelhecem precocemente. Uma das evidências é a mudança de tom de cor. Conservar os vinhos em lugar adequado nada mais é do que proteger um "patrimônio pessoal e precioso".

INTENSIDADE DOS VINHOS

Menos intenso   Mais intenso

BRANCO

ROSÊ

TINTO

Vinho Sem Frescuras

TONALIDADES DOS VINHOS TINTOS

JOVEM

MADURO

VELHOS

TONALIDADES DOS VINHOS BRANCOS

Dourado pálido

Dourado

JOVENS

Amarelo pálido
MADURO

Amarelo intenso
VELHO

A degustação é um misto de técnica e de arte que se desenvolve através do exercício frequente, em casa, em restaurantes, clubes e qualquer lugar em que consumidores e vinhos se encontrem para incomparáveis momentos de prazer.

A presença de gás

Quando nos referimos à presença de gás, falamos do anidrido carbônico, que é um componente natural, formado durante o processo fermentativo e que frequentemente permanece dissolvido em pequena quantidade, especialmente nos vinhos brancos jovens. Não chega a ser defeito se presente de forma pouco perceptível.

Porém, o anidrido carbônico também poderá ser visível na forma de pequenas bolhas, em vinhos alterados pela ação de bactérias ou leveduras. Quando os vinhos não foram bem preparados para o engarrafamento, ou quando as condições de higiene da cantina não foram satisfatórias, esses micro-organismos presentes poderão "atacar" os açúcares, o álcool ou a acidez do vinho, resultando em outros componentes, entre eles o anidrido carbônico. Naturalmente, neste caso o vinho sofre alterações de ordem olfativa e gustativa, podendo apresentar-se acetificado (cheiro que lembra o vinagre), amargo ou com gosto desagradável.

De modo geral, visualmente os vinhos não devem apresentar bolhas ou presença de gás. Somente nos vinhos Verdes de Portugal é que se justifica essa característica, já que são elaborados e engarrafados de modo a que o gás possa ser visível.

No caso dos espumantes naturais, a análise da presença de gás, da borbulha, é fundamental, já que este componente é a razão de ser desse produto. Trataremos do tema no capítulo especial sobre espumantes.

A limpidez

O vinho deve-se apresentar sempre límpido, transparente, salvo os vinhos em fase de elaboração ou acabamento, que permanecem nas cantinas, os quais poderão apresentar-se velados, opacos ou turvos.

Os vinhos liberados ao consumo pelas cantinas devem sempre apresentar-se perfeitamente límpidos. Qualquer turbidez ou opalescência geralmente é defeito, e poderá ser sintoma de alguma alteração microbiológica e, como já explicamos anteriormente, acompanhada de alterações no aroma e no sabor.

A viscosidade

A análise da viscosidade se faz observando o movimento do vinho nas paredes internas do copo, quando dado a este e ao líquido um movimento rotativo.

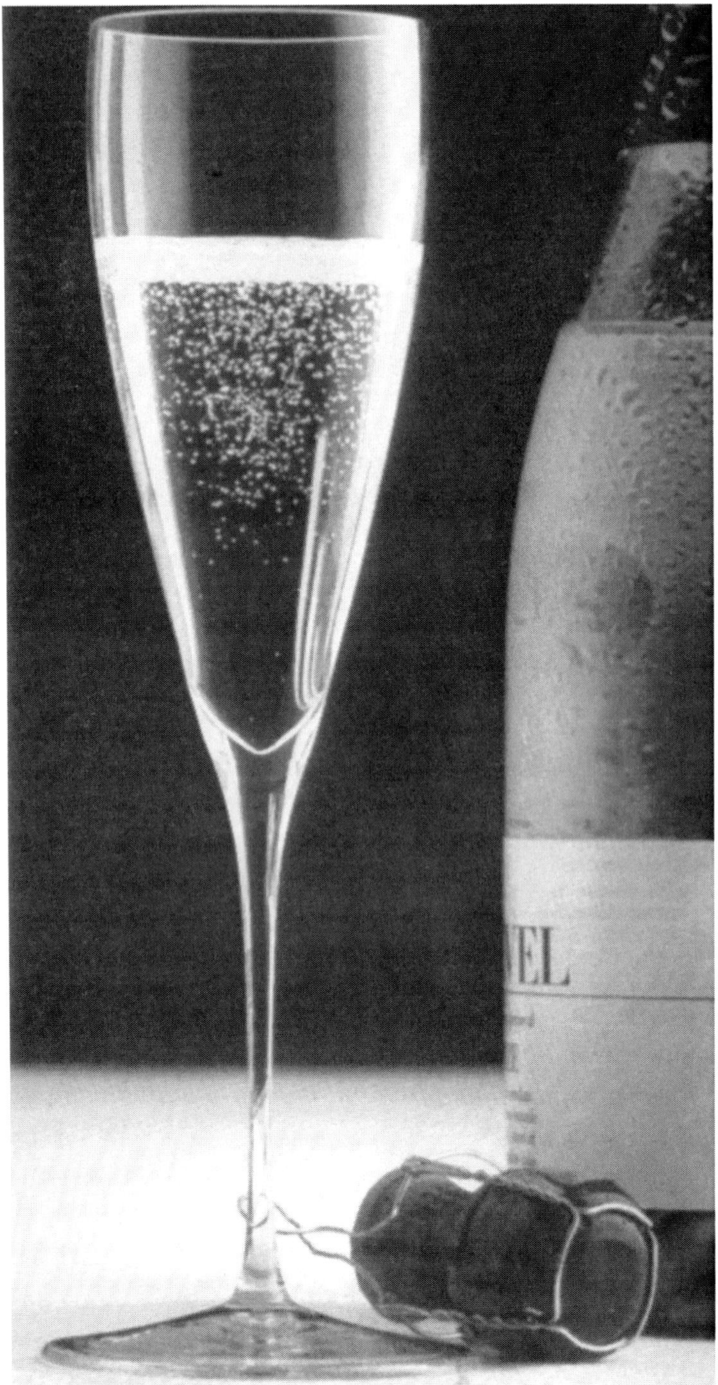

O conteúdo em álcool e glicerina observa-se pela formação de "arcos" nas paredes internas do copo, no movimento descendente do líquido.

Quanto mais grossos e consistentes esses arcos, maior o teor de álcool e glicerina do vinho. Isso indica uvas maduras e vinhos com "corpo" e estrutura.

Dessa forma, finalizamos a análise visual, que é o primeiro contato com o vinho.

Com a prática, toda pessoa pode fazer dessa análise um elemento fundamental no juízo sobre um vinho.

As alterações às vezes sofridas pelos vinhos, na sua cor e tonalidade, são tão evidentes em determinados casos, que através delas podemos detectar vinhos oxidados, madeirizados ou alterados microbiologicamente. Também, e na maioria dos casos, permitem antecipar os prazeres próprios dos grandes vinhos.

ANÁLISE OLFATIVA

O olfato é o sentido mais sensível e completo de todos e, por isso, o mais empregado na degustação. É impossível degustar vinhos sem o uso do olfato, que, quando habituado aos aromas vínicos, detecta defeitos e virtudes e consegue extrair toda a potencialidade dos grandes vinhos.

A maioria das pessoas que se inicia no mundo do vinho tem certo constrangimento em cheirá-lo. Somos condicionados desde a infância: cheirar as coisas é má educação.

Devemos retirar esse bloqueio de nossa mente e cheirar o vinho repetidas vezes. É o exame mais completo, e existem razões científicas para isso: toda pessoa adulta acumula na memória mais de 40.000 diferentes odores, fragrâncias e cheiros, e quando treinada, pode ultrapassar os 100.000.

São cheiros vegetais, animais, florais, metálicos, frutais e outros em número incalculável. Você já se deteve alguma vez a relacionar essa diversidade?

Terra molhada, rosas, maçã-verde, pimentão, cebola, madeira de pinho, eucalipto, vinagre, álcool, chocolate, etc.

O vinho tem aromas próprios (vinosidade), que devemos identificar e memorizar na fase de aprendizado. Tem também aromas frutais ou vegetais "que lembram", ou são muito semelhantes a aromas que nos são familiares. Para citar um exemplo, uma característica muito própria do aroma do Chardonnay é o de lembrar a maçã-verde e abacaxi. Todos temos claro em nossa

O COPO
Copo de degustação normatizado (ISO)

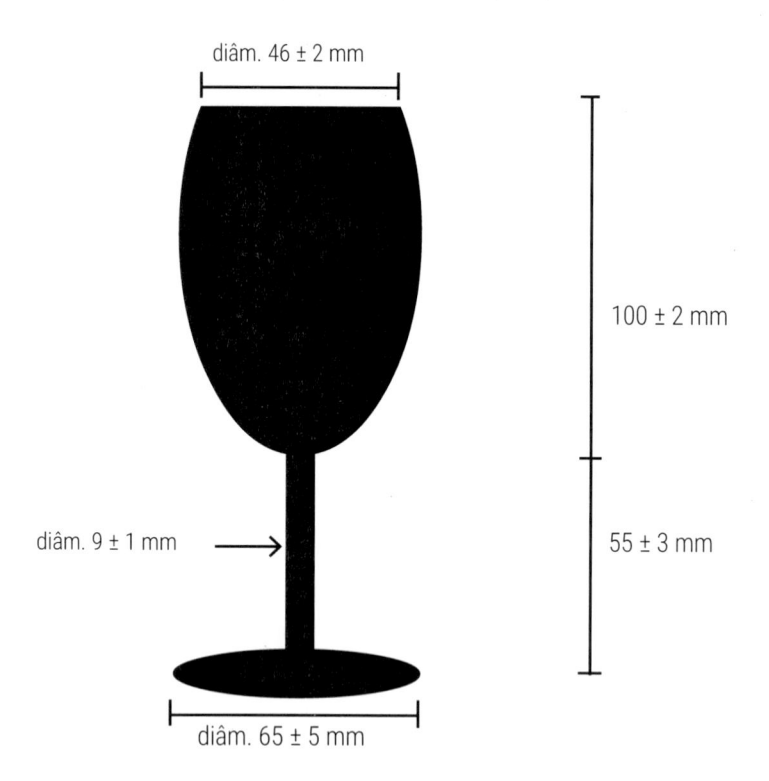

diâm. 46 ± 2 mm

100 ± 2 mm

diâm. 9 ± 1 mm

55 ± 3 mm

diâm. 65 ± 5 mm

O copo de degustação mostrado acima é normatizado conforme as normas ISO. As medidas desse copo foram definidas por especialistas na matéria e pretendem criar um instrumento de trabalho que, pelas suas características, facilite a análise organoléptica. Por isso sua boca estreita, o pé longo e sua transparência.

O diâmetro maior na base do conteúdo facilita os movimentos rotativos e direciona os aromas para a boca. O pé longo permite segurá-lo nessa área, evitando o contato da mão na área do conteúdo, que esquentaria o vinho e possibilitaria a transmissão de odores ao vidro, dificultando ou interferindo na análise organoléptica.

O vidro deve ser liso, transparente, sem cor, de modo a permitir a visualização dos tons e das cores do vinho. Importante ressaltar que nesse copo deve-se servir somente um terço do conteúdo total.

Estas regras que determinam as dimensões e o formato do copo de degustação, de certa forma, servem para orientar a compra de copos para consumo de vinhos. Eles devem ser de bom tamanho, melhor grandes que pequenos, com pé, boca com diâmetro menor que o diâmetro maior do conteúdo, lisos e transparentes.

memória os aromas de uma maçã-verde quando cortada ao meio e de um abacaxi. Se conseguirmos associar os dois aromas, o do vinho e o da fruta, estaremos guardando em nosso "arquivo olfativo", agora de forma definitiva, uma das principais características aromáticas de todos os Chardonnay do mundo.

A forma correta de fazer o exame olfativo de um vinho é iniciar cheirando o vinho em repouso. Posteriormente o fazemos após dar ao copo um movimento rotativo, molhando as paredes internas, semelhante àquele dado para verificar a viscosidade. Esse movimento tem como finalidade "oxigenar" o vinho e provocar uma volatilização ou desprendimento dos aromas.

Estamos, com isso, ajudando o vinho a "mostrar-se olfativamente" e facilitando nossa apreciação.

O órgão que capta as diversas sensações olfativas é a mucosa olfativa, que se encontra na fossa nasal.

As células receptoras da mucosa olfativa influem na sensibilidade da percepção.

É atribuída à atividade dessas células a diferença de sensibilidade demonstrada por pessoas diversas, como também a aptidão particular para perceber odores.

O grau de percepção também está ligado à estrutura molecular da substância que dá a sensação e suas propriedades físicas e químicas. Ou seja, apesar de todos termos a mesma "capacidade de sentir", algumas pessoas são mais sensíveis organicamente em relação a certas substâncias.

Os mecanismos de percepção da mucosa olfativa não são bem conhecidos, mas está provado que, com o tempo, a mucosa tem a capacidade de selecionar as diversas substâncias odoríferas, dando origem ao fenômeno denominado "hábito".

Isso é muito importante. As pessoas que degustam frequentemente, que cheiram vinho periodicamente, vão educando, treinando seu olfato para os odores e cheiros próprios dos vinhos.

Dessa forma sua mucosa olfativa atua como um radar muito sensível e eficaz e o torna, com o tempo, um bom degustador.

Existem duas maneiras de captar o odor das substâncias pelo olfato: por via nasal ou aspiração direta e por via retronasal, conforme mostra a figura na próxima página.

POR VIA NASAL OU ASPIRAÇÃO DIRETA: aproxima-se o nariz da boca do copo e aspira-se ar de forma prolongada e repetida. Os aromas desprendidos pelo vinho serão captados imediatamente.

POR VIA RETRONASAL: coloca-se um pouco de vinho na boca e simultaneamente aspira-se ar pela boca.

Pode ser feito também colocando um pouco de vinho na boca, posteriormente se consome ou se elimina esse vinho (cospe-se) e imediatamente se aspira ar pela boca.

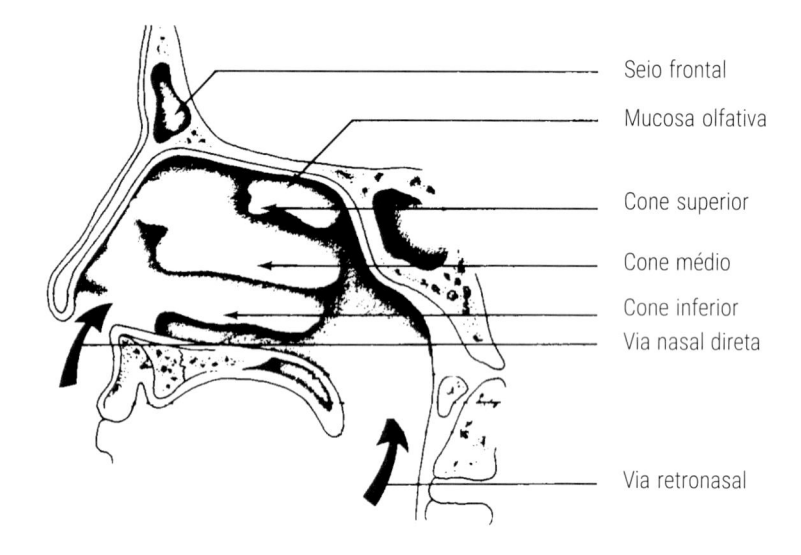

Seio frontal
Mucosa olfativa
Cone superior
Cone médio
Cone inferior
Via nasal direta
Via retronasal

Os resíduos de vinho deixarão sua "marca odorífera" em toda a boca e o ar aspirado transportará, agora via conduto retronasal (como mostra a figura), todas as substâncias aromáticas do produto até a sede do olfato.

As impressões aromáticas captadas no vinho deverão nos transmitir inicialmente os seguintes conceitos: fineza e intensidade.

Fineza

Apesar de ser um conceito subjetivo, a fineza representa a qualidade, a delicadeza do conjunto aromático perceptível. O conjunto de aromas deve ser agradável, delicado, fresco nos vinhos brancos, complexo nos tintos. Nos brancos, geralmente se assemelham a aromas frutais (maçã, pêssego, abacaxi, morango) ou florais, que nos transmitem a sensação de aromas leves, sempre agradáveis.

Cheire o vinho em repouso.

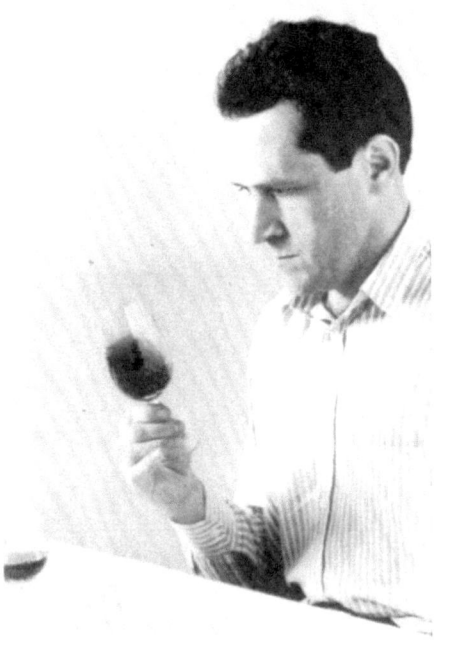

Agite o copo em movimentos rotativos.

Cheire novamente.

Aromas complexos, que prevalecem nos vinhos tintos envelhecidos ou de guarda, geralmente exigem maior experiência para compreender sua tipicidade, pouco semelhante a aromas familiares.

A fineza aromática nos brancos é própria de vinhos elaborados com uvas em bom estado sanitário, sucos decantados previamente à fermentação, para eliminar impurezas contidas na casca da uva, fermentações realizadas a temperaturas controladas e geralmente não superiores a 15-18 graus, e conservados em recipientes neutros, como o aço inoxidável.

Intensidade

A intensidade representa uma impressão de força, de potência odorífera e deve estar relacionada com a quantidade e a qualidade das substâncias aromáticas.

A facilidade com a qual identificamos as características aromáticas de um vinho compõe a "intensidade aromática" desse vinho.

A falta de intensidade aromática de um vinho é de certa forma condenável, já que os vinhos brancos são elaborados com técnicas que procuram preservar e destacar seus aromas, tais como fermentações lentas, a baixa temperatura, que evitam a fuga dos aromas.

Nos tintos, o amadurecimento em barricas de carvalho incorpora substâncias que enriquecem ou potencializam a complexidade aromática, resultando em vinhos "bons de nariz", melhores a cada ano, os verdadeiros vinhos com buquê.

Sem entrar na discussão dos termos *odor, cheiro, aroma* ou *perfume*, explicaremos a seguir os três tipos de aromas existentes no vinho. É fundamental saber diferenciá-los, para compreender sua origem e evolução.

Aromas primários

São os aromas não voláteis provenientes da uva, e por isso devem lembrá-la. Para exemplificar esse tipo de aroma, citaremos dois vinhos comuns muito brasileiros, que são o Isabel e o Niágara. Os vinhos provenientes dessas uvas sempre têm o mesmo aroma, jovens e velhos, bem vinificados ou não. Outro exemplo é o vinho da uva Moscato, ou seu irmão gêmeo argentino Torrontés. Esses vinhos, conhecidos como aromáticos, têm uma enorme semelhança entre aroma e sabor.

Os aromas primários geralmente dão a sensação de "doces", lembram uva de mesa, e dificilmente têm características que os assemelhem a outras frutas.

Aromas secundários

São os aromas formados durante o processo fermentativo, voláteis, de muita intensidade quando fixados através de temperaturas baixas.

Os vinhos brancos muito jovens, quando fermentados com controle de temperatura, têm a tendência de serem semelhantes de variedade para variedade.

Os aromas primários, complementados pelos secundários, dão a característica varietal dos vinhos. O Chardonnay, por exemplo, tem aromas que o diferenciam do Riesling e do Semillón.

Os aromas secundários dos vinhos brancos se assemelham a aromas de frutas ou de flores. Quanto mais jovem o vinho, mais semelhança com frutas verdes. Quanto mais maduro, mais parecido com frutas maduras ou até passadas.

Um exemplo de aroma secundário de vinho branco facilmente identificável é o aroma do Chardonnay, que, como dissemos anteriormente, lembra maçã-verde e abacaxi.

Um exemplo de aroma secundário de vinho tinto facilmente identificável é o aroma do Cabernet Sauvignon, que lembra o pimentão-verde.

O aroma do Semillón lembra frutas cítricas, às vezes com fundo acetonado.

O aroma do Riesling é mais floral, fragrante.

O de Sauvignon Blanc lembra pêssego e maracujá.

Reiteramos que esses aromas são formados durante a fermentação, já que os sucos dessas uvas não os têm.

Aromas terciários

São compostos por substâncias voláteis e formados durante o envelhecimento.

No transcurso do amadurecimento em madeira, numa fase aeróbica, já que o vinho "respira", se oxigena, e posteriormente, durante o envelhecimento na garrafa, agora numa fase anaeróbica ou sem oxigênio, se forma grande quantidade de componentes (ésteres, aldeídos) que originam os aromas complexos ou buquês.

Geralmente os aromas terciários ou buquês são próprios dos vinhos tintos que são estacionados em pipas ou barricas de madeira (o carvalho é a mais nobre delas) e permanecem por períodos longos (não inferiores a um ano) na própria garrafa antes de serem liberados ao comércio.

É importante fazer alguns comentários sobre a evolução dos aromas de um vinho.

Um vinho branco jovem, elaborado com uvas como Chardonnay, por exemplo, que não é uva aromática, tem aromas frescos, intensos, frutados. Quando submetido a um período de guarda (ou envelhecimento), alteram-se esses aromas. Os aromas evoluem, mudam, pela formação dos componentes citados anteriormente. Não perdem intensidade, porém perdem frescor e ganham complexidade. Por exemplo: um vinho Chardonnay do ano, com aroma secundário que lembra a maçã-verde, quando guardado por 8-10 meses (naturalmente em boas condições) em nossa adega, ganha complexidade. Seu aroma agora é mais "doce", lembra maçã madura, mel.

O vinho melhorou ou não com o tempo? Dependerá exclusivamente de você. Sem dúvida, são vinhos diferentes; o primeiro nos dará a impressão de ser algo mais agressivo, mais fresco, mais seco; o segundo nos dará a sensação de ser mais suave, mais doce, seja no aroma como no gosto. Com isso queremos ressaltar os benefícios da guarda para alguns vinhos. Quando um vinho branco se apresenta algo agressivo de aroma e gosto, alguns meses em nossa adega poderão ser benéficos.

No caso dos vinhos tintos, isso vale para aqueles amadurecidos em barricas (225 litros cada uma) de carvalho francês ou americano. Quando você achar que o carvalho está intenso demais, salvo nos vinhos de Rioja, na Espanha, que têm o carvalho como característica principal, submeta-os a alguns meses de guarda.

Certamente nesse período o carvalho se integrará ao buquê e deixará de prevalecer sobre os outros componentes.

ANÁLISE GUSTATIVA

As sensações gustativas, aparentemente limitadas aos sabores doce, ácido, salgado e amargo, podem nos proporcionar informações ilimitadas quando combinadas.

A educação resultante do hábito do consumo e do empenho individual permitirá identificar particularidades como idade do vinho, origem, variedade de uva e outras.

As células sensíveis ao gosto estão localizadas sobre a língua e chamam-se papilas. Essas zonas sensíveis têm um diâmetro aproximado de um décimo de milímetro.

ÁREAS DE SENSIBILIDADE GUSTATIVA

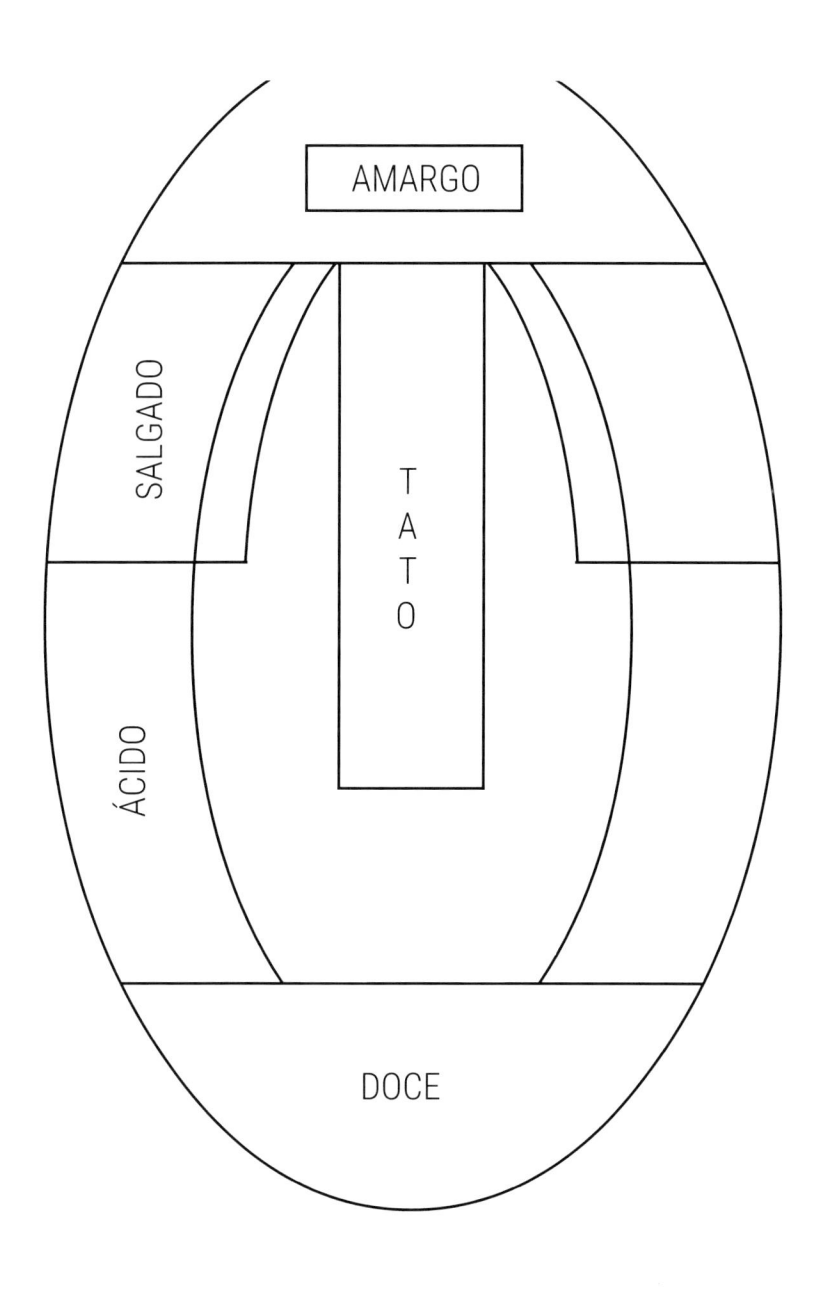

AMARGO

SALGADO

TATO

ÁCIDO

DOCE

As papilas somente detectam quatro sabores básicos: o doce, o ácido, o salgado e o amargo, localizados em diferentes zonas da língua, como mostramos na figura.

Nas percepções do sabor, a saliva desempenha papel importante por seu efeito diluidor, e porque através da via enzimática separa e destaca alguns sabores que no vinho estão combinados. Dessa forma, facilita a identificação dos sabores.

Ainda se atribui grande importância a substâncias das células bucais sensíveis de origem desconhecida, chamadas comumente receptores específicos. Os receptores específicos são assim chamados porque têm a capacidade de reagir com maior eficiência ante determinados estímulos e transmiti-los com precisão ao cérebro.

Está demonstrado, por exemplo, que as pessoas jovens têm mais ativo o receptor específico do sabor doce que as pessoas idosas, e por isso elas são mais sensíveis aos açúcares.

Sabor doce

O sabor doce, perceptível na ponta da língua, pode ser real ou aparente, conforme as características da substância que o provoca.

Sabores doces aparentes: São aqueles que transmitem a sensação de doce não proveniente da presença de açúcares, mas provocados por alguns componentes da uva ou do próprio vinho.

Para citar um exemplo facilmente compreendido, diremos que as uvas aromáticas, como Moscato e Malvasia, que possuem aromas "doces", transmitem inicialmente a sensação também de sabor doce, ainda que o vinho não contenha açúcares.

Também vinhos brancos provenientes de uvas maduras, com maior quantidade de glicerina e álcool, transmitem a sensação de "mais doces, macios".

SABORES DOCES REAIS: São provenientes da presença de açúcares com maior ou menor poder edulcorante: frutose, sacarose e glicose.

Existe o umbral de percepção do sabor doce, que varia dependendo da idade, do treino, etc. Porém, pode-se afirmar que ele está situado entre 4 e 5 gramas de açúcares por litro; ou seja, em vinhos com quantidades inferiores às citadas dificilmente sentiremos o sabor doce.

Classificação dos vinhos segundo a legislação brasileira

Em relação aos teores de açúcar, a legislação brasileira classifica os vinhos em:

SECOS: com até 5 gramas de açúcar por litro.
DEMI-SEC: de 5,1 a 20 gramas de açúcar por litro.
SUAVES: acima de 20,1 gramas de açúcar por litro.

A classificação como "secos" de vinhos que podem conter até 5 gramas de açúcar é discutível. Na realidade, a legislação brasileira acompanha a maioria das legislações similares do mundo, ou seja, entende que no rótulo deve constar a informação que esteja relacionada ao sabor ou à sensação que o consumidor realmente terá.

Por essa razão, conforme explicamos no tema "Umbral", o consumidor só começará a sentir o sabor doce a partir dos 4-5 gramas de açúcar. Assim devem classificar-se os vinhos.

Os açúcares presentes nos vinhos *demi-sec* e suaves no Brasil são adicionados antes do engarrafamento. Não são naturais, devido à deficiência de amadurecimento que apresentam as uvas, em função do clima.

Esses açúcares podem ser adicionados na forma de mosto (suco) concentrado de uva, mosto retificado de uva (açúcar de uva) ou sacarose refinada de cana, e têm como única finalidade dar sabor doce ao vinho.

Sabor ácido

Os sabores ácidos são percebidos numa superfície extensa na borda lateral da língua.

De modo geral, o vinho brasileiro possui teores interessantes de acidez, como resultado da elaboração com uvas não muito maduras. Lembremos que a uva, na fase final de amadurecimento, aumenta os teores de açúcares e diminui os teores de ácidos orgânicos, especialmente o ácido málico.

Os teores interessantes de acidez dão o caráter "jovem" aos vinhos brancos brasileiros, cada dia mais apreciado pelo consumidor em todo o mundo.

A sensação ácida é devida aos ácidos orgânicos livres, sendo os mais importantes o ácido tartárico (antigamente chamado de ácido úvico, por encontrar-se somente na uva), o ácido málico, o ácido lático e o ácido cítrico.

Quando degustamos um vinho, podemos sentir nas laterais da língua a presença do ácido tartárico na forma de "acidez refrescante", muito agradável, especialmente nos vinhos brancos. Essa acidez não é agressiva, não cria nenhum tipo de desconforto ao consumidor.

Poderemos sentir, agora também na parte superior da língua, a presença do ácido málico, na forma de "acidez agressiva", que, quando excessiva, é desconfortante, porque dá a sensação de dificuldade de engolir.

Como uma das qualidades básicas de todo vinho é o equilíbrio de sabores, a harmonia e principalmente a "facilidade de consumi-lo", todo desconforto criado pela acidez alta ou baixa é condenável.

Quando, por razões climáticas, como excesso de chuvas, falta de luminosidade, falta de horas de sol, as uvas não atingem um nível mínimo de amadurecimento, os vinhos resultantes são de acidez agressiva (acidez adstringente) devido à presença de teores elevados de ácido málico. Uma prática enológica utilizada com frequência nos países que têm essas condições, e que permite substituir esse ácido agressivo, é a fermentação malolática, que é a transformação do ácido málico (biácido) em ácido lático (monoácido) através da ação de bactérias.

Essa prática consiste na utilização das bactérias naturais que se encontram no vinho recém-elaborado, ou no uso de bactérias selecionadas especialmente para isso, e que irão "consumir" o ácido málico e produzir ácido lático. Essas bactérias chamam-se bactérias láticas e são eliminadas do vinho por filtração logo após terem realizado sua tarefa.

O vinho que sofre a fermentação malolática tem as seguintes características:

- é menos ácido do ponto de vista analítico; do ponto de vista organoléptico, é mais macio;
- é mais estável biologicamente, por isso os vinhos que vão ser utilizados para elaborar espumantes geralmente sofrem a fermentação malolática;
- é mais maduro, por isso todos os vinhos tintos destinados a vinhos de guarda sofrem a fermentação malolática.

FERMENTAÇÃO MALOLÁTICA

Ácido málico (biácido) ←——— Bactérias láticas ———→ Ácido lático (monoácido)

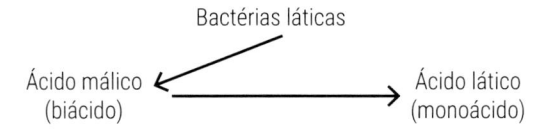

Por essa mesma razão, a prática da fermentação malolática nos vinhos brancos não é generalizada, já que lhes retira juventude, frescor.

O enólogo deve decidir, conforme os conteúdos de ácido málico, se faz ou não a malolática.

Em resumo, as sensações gustativas relacionadas ao sabor ácido são:

- Vinhos de baixa acidez, próprios de regiões muito ensolaradas e consequentemente de uvas muito maduras, apresentam-se macios, mas algo carentes de sabor, pouco "nervosos" e frescos. Transmitem a sensação de maduros.
- Vinhos de alta acidez, próprios de regiões pouco ensolaradas e de uvas verdes, apresentam-se "duros", agressivos. Transmitem a sensação de verdes.
- Vinhos de acidez equilibrada são aqueles que nos transmitem sabores frescos, jovens, mas sem agressividade ou adstringência, seja na lateral ou na parte superior da língua.

Sabor salgado

O sabor salgado, achado pouco frequentemente nos vinhos, é percebido ao longo da borda lateral da língua, na parte intermediária.

Os elementos que causam essa sensação são os sais dos ácidos orgânicos e inorgânicos quando presentes em quantidades superiores às normais.

São pouco perceptíveis, porque tanto o álcool como as substâncias voláteis naturais do vinho escondem os sabores salgados.

Sabor amargo

Este sabor é percebido no fundo da parte central da língua, facilmente, logo após engolir o vinho e por isso chamado de retrogosto.

De todos os sabores é o mais fácil de reconhecer e o mais desagradável.

Nos brancos é encontrado em vinhos provenientes de algumas variedades, como Trebbiano e Sauvignon Blanc, e também em vinhos elaborados com uvas podres ou excessivamente tratadas.

Nos vinhos tintos, o sabor amargo poderá ser proveniente do tipo de madeira utilizada no amadurecimento e/ou envelhecimento, como a grápia.

O álcool novamente aparece como elemento natural, que de certa forma ajuda a "esconder" o sabor amargo.

Sensações do tato

Na análise gustativa é importante a interpretação das sensações do tato, que são consequência dos estímulos ao tecido epidérmico central da língua e da cavidade bucal.

Essas sensações permitem detectar o grau de tanicidade de um vinho, sua possível idade, seu teor em álcool e sua acidez.

As sensações do tato mais importantes são:

Sensação de calor

Na realidade, trata-se de uma sensação de "temperatura de boca" e resulta da presença do álcool quando quente e da acidez quando refrescante. Ou seja, quanto maior o teor alcoólico, maior a sensação de temperatura na boca. No caso da acidez, como já vimos na análise do sabor ácido, a presença dos ácidos orgânicos estimula o tecido de forma diferenciada: quando o ácido málico, característico de uvas verdes, está mais presente, a sensação é de frescor agressivo, adstringente; quando pela fermentação malolática sua presença foi diminuída ou eliminada totalmente, a acidez é refrescante, porém harmônica, não agressiva.

Sensação de adstringência

Esta sensação, conhecida como "boca seca", é resultante, especialmente nos vinhos tintos, da presença de determinados taninos, que reagem com as proteínas da saliva, e esta perde momentaneamente seu poder lubrificante.

Nos vinhos novos, a presença de taninos de determinados pesos moleculares provoca essa sensação, que, para pessoas menos preparadas, pode ser desagradável.

Os vinhos tintos de "guarda", ou seja, aqueles vinificados para serem "guardados" por períodos longos, sempre possuem maior adstringência, que não caracteriza um defeito sempre que não transmita sensações de desconforto.

Nesses vinhos, os taninos agressivos são "amaciados" durante o processo de amadurecimento. Através da oxigenação, esses taninos se polimerizam e se transformam em taninos suaves.

Essa operação se faz de forma natural quando o vinho é amadurecido em barricas de carvalho de pouca capacidade. Nesses recipientes, geralmente de 225 litros, o vinho "respira" através da madeira de carvalho, que tem a característica de ser extremamente porosa.

Finalizada essa fase, o vinho é "envelhecido" na própria garrafa, agora na ausência de oxigênio; é quando forma seu buquê.

Sensações térmicas

São as oriundas especificamente da temperatura do vinho quando consumido, e influem destacando ou diminuindo a intensidade das sensações provocadas por alguns componentes.

Alguns exemplos que poderão esclarecer melhor esse conceito: a sensação de doce aumenta com a temperatura, ou seja, um vinho doce dá a impressão de menos doce quando se degusta frio.

Os sabores salgado e amargo, bem como a adstringência, se destacam à baixa temperatura.

Por tudo isso, é importante que os vinhos estejam na temperatura correta: brancos, rosados e tintos jovens esfriados e tintos de guarda ou envelhecidos à temperatura ambiente (16-18 graus).

O retrogosto

O retrogosto é uma sensação que aparece após termos engolido ou expulsado o vinho da cavidade bucal.

Ele se manifesta alguns segundos depois, através de um "movimento" desse gosto, do fundo da cavidade bucal para a frente.

Quando aparece, ainda que de forma pronunciada, mas correspondendo às sensações já percebidas na análise olfativa e gustativa, atua como um estímulo complementar, ou seja, fixa melhor as características do vinho na "consciência do apreciador".

Quando aparece, ainda que de forma menos intensa, porém transmitindo sensações diferentes, poderá dar a impressão de "desarmonia ou desequilíbrio", existindo casos em que o retrogosto é considerado desagradável.

Sensações gerais

As sensações gerais são aquelas que permitem "definir o conceito sobre o vinho apreciado".

Estão ligadas à análise olfativa e gustativa, nas quais já definimos os conceitos de fineza e intensidade.

Agora trataremos de definir os conceitos ligados à persistência ou durabilidade da sensação e à harmonia ou equilíbrio entre as diversas sensações.

A persistência

A persistência ou durabilidade da sensação é um conceito qualitativo, porque resulta tanto da variedade da uva como do processo correto de elaboração. Por isso deve ser valorizado ou apreciado.

Existe uma única maneira de avaliar a persistência: através do tempo.

Como não podemos viver degustando com um cronômetro na mão, devemos adquirir com a prática a noção do tempo em que a sensação permanece evidente após engolir o vinho.

Uma forma é, durante a permanência do vinho na boca, simular mastigá-lo e considerar um segundo a cada "mastigada".

Os parâmetros acordados pelos especialistas em degustação são os seguintes:
Para vinhos brancos:

- SUFICIENTE: até 3 segundos;
- MÉDIA: de 3 a 6 segundos;
- BOA: de 6 a 8 segundos;
- ÓTIMA: acima de 9 segundos.

Para vinhos tintos:

- SUFICIENTE: até 4 segundos;
- MÉDIA: de 5 a 9 segundos;
- BOA: de 10 a 15 segundos;
- ÓTIMA: acima de 15 segundos.

Essa forma de medição não vale para vinhos aromáticos, doces ou muito tânicos, já que seus componentes aromáticos ou gustativos distorcem a avaliação.

A harmonia

Nada define melhor o conceito de harmonia do que a sensação de agradável.

O equilíbrio das sensações gustativas é dado principalmente pela harmonia das sensações de acidez, maciez ou dureza, adstringência e calor.

Quando falamos de acidez equilibrada, nos referimos à ausência total de desconforto ou de sensações desagradáveis.

Funciona também dessa forma para todos os outros componentes citados acima quando presentes exageradamente. A adstringência, quando excessiva, dá a impressão de que alguma coisa não está bem; há desarmonia.

Por tudo isso é que o equilíbrio ou harmonia geral do vinho é avaliado mais objetivamente com o treino e a "educação vínica" do degustador.

> **Recomendação:** Faça cursos de degustação, tente, pratique, estude, discuta, etc.

VOCABULÁRIO DA DEGUSTAÇÃO

Relacionado à análise visual

- **BRANCO DOURADO PÁLIDO COM REFLEXOS ESVERDEADOS:** expressão que define a cor de um vinho muito claro, onde se observam reflexos esverdeados nas bordas laterais. Esta cor é muito comum nos vinhos brancos do Brasil e nos Verdes de Portugal.
- **BRANCO DOURADO PÁLIDO OU BRANCO PÁLIDO COM REFLEXOS DOURADOS:** expressão que define a cor de um vinho branco muito claro, onde o dourado é observado nos reflexos das bordas laterais.
- **BRANCO OXIDADO:** refere-se a um vinho branco que apresenta tons amarelos intensos. Essa mudança de cor é devida à interferência da luz natural, que oxida ou "enferruja" alguns componentes naturais do vinho.
- **BRILHANTE:** esta expressão define o aspecto do vinho. O vinho sempre deve se apresentar brilhante, límpido, naturalmente em maior ou menor grau.
- **COR INTENSA:** nos brancos, refere-se a cores mais direcionadas ao amarelo. No caso dos tintos, refere-se à menor transparência. Nos vinhos tintos de guarda, a maior intensidade é um atributo.
- **COR PÁLIDA:** refere-se a cores claras, quase cristalinas, que são uma particularidade do vinho branco brasileiro.
- **COR POUCO INTENSA:** refere-se mais aos vinhos tintos e corresponde a cores vermelhas ou vermelhas/laranja pálido, muito transparentes. São frequentes em vinhos tintos jovens.
- **COR VIVA:** cor brilhante, não "opaca", com reflexos.
- **TINTO ATIJOLADO:** é o vinho tinto que apresenta cor com tons atijolados, laranja, e que perdeu intensidade. Esta cor é própria de vinhos tintos excessivamente envelhecidos ou madeirizados. Lembramos que a ação da luz e do oxigênio altera a cor dos vinhos tintos do vermelho para o laranja.
- **VERMELHO INTENSO COM REFLEXOS LARANJA:** cor de vinho tinto com estrutura, porém já algo maduro ou envelhecido (conforme a intensidade dos reflexos laranja).
- **VERMELHO RUBI INTENSO:** cor de vinho tinto jovem, com boa estrutura.

Relacionado à análise olfativa

- **ACETIFICADO:** defeito que lembra o vinagre e resulta da má conservação do vinho antes ou depois de engarrafado.
- **AROMA INTENSO:** quando os aromas, independentemente de sua característica, chegam com força ao nariz.
- **AROMÁTICO:** refere-se aos aromas primários, de uva, facilmente encontrados em vinhos jovens elaborados com uvas aromáticas, como Moscato, Gewurztraminer, Torrontês, Malvasia, etc.
- **CARVALHO:** aroma próprio da madeira citada, lembra baunilha. Nos vinhos amadurecidos nesta madeira nobre é uma característica aromática que se mantém presente ao longo dos anos. Com os anos de envelhecimento na garrafa, diminui sua presença e contribui para a complexidade do buquê. Está presente na grande maioria dos vinhos tintos de Bordeaux, na França.
- **CHEIRO DE ROLHA:** defeito olfativo provocado por um mofo que ataca as rolhas. Lembra o mofo e quando acentuado, geralmente é transmitido também ao gosto. É um acidente que as vinícolas procuram combater com rigorosos controles de qualidade nas rolhas adquiridas. É defeito detectado cheirando a rolha quando extraída.
- **COM BUQUÊ:** presença de aromas complexos, intensos e diversificados.
- **FINO:** aromas ou buquês delicados, refinados e distintos.
- **FLORAL:** refere-se a aromas secundários, intensos e próprios de vinhos brancos jovens. Lembram as flores.
- **FOXADO (FOXÊ):** aroma característico do vinho Isabel. Trata-se de um aroma primário, já que a uva tem esse aroma.
- **FRANCO:** assim definimos o vinho sem defeitos, com características olfativas da variedade.
- **FRESCO:** refere-se a aromas secos, ácidos e intensos. É próprio de vinhos jovens.
- **FRUTADO:** refere-se aos aromas secundários, formados durante o processo de fermentação, muito intensos em vinhos jovens e que geralmente lembram frutas verdes, como maçã, pêssego, etc.
- **GERANIOL:** aroma que lembra o gerânio, presente em alguns vinhos suaves ou doces nos quais o conservante sorbato de potássio sofreu ataque microbacteriano. É um defeito, já que mascara os aromas naturais.

- **HERBÁCEO**: relacionado a aromas que lembram ervas verdes. É frequente achá-lo em vinhos tintos jovens, macerados em excesso.
- **LEVEDURA**: aroma que lembra as leveduras do pão, frequentemente achado em espumantes. Quando não excessivamente presente, não constitui defeito e sim virtude.
- **LICOROSO**: é o aroma dos vinhos chamados "generosos", enriquecidos com álcool e envelhecidos em madeira. Ex.: Jerez, Porto, vinho de missa, etc.
- **LÍMPIDO**: que apresenta aromas francos, sem interferências.
- **MAÇÃ-VERDE**: aroma varietal característico da variedade Chardonnay. Lembra o aroma da maçã-verde cortada ao meio.
- **MADEIRIZADO**: refere-se a vinhos em que a presença de madeira impede ressaltar os aromas naturais do vinho. Quando a madeira é pinho ou grápia, vem acompanhado de odores resinosos e sabores amargos.
- **NEUTRO**: vinho que não apresenta característica aromática, desprovido de qualquer aroma.
- **OXIDADO**: refere-se a vinhos com aromas passados, sem nenhum frescor nem vinosidade. Nos tintos poderá dar a impressão de madeirizado.
- **PERSISTENTE**: com aromas "longos", que permanecem no nariz e no copo.
- **PIMENTÃO-VERDE**: aroma varietal característico do Cabernet Sauvignon jovem.
- **REDUZIDO**: esta particularidade aromática se encontra mais nos vinhos que sofreram processos de envelhecimento na garrafa. Trata-se de um cheiro que lembra "pano sujo". Com o arejamento através da abertura antecipada da garrafa ou do transvaso para a jarra, geralmente é eliminado.
- **SULFIDRETO**: aroma desagradável, que lembra ovos podres. É um defeito provocado quando há descuidos na elaboração, conservação ou engarrafamento.
- **VINOSO**: característica aromática mais presente nos vinhos jovens. São sensações fortes que lembram o vinho recém-fermentado.

Relacionado à análise gustativa

- **ACIDEZ MÁLICA**: sensação gustativa de acidez agressiva, por vir acompanhada de sensação de adstringência. Confere ao vinho certa dureza, que, quando excessiva, o torna "difícil de tomar".

- **ÁCIDO OU DE ACIDEZ MARCANTE:** expressão que significa boa presença da acidez, sendo percebida na ponta da língua (picante e própria do ácido cítrico) ou nas laterais (quando resultante do ácido tartárico).
- **ADSTRINGENTE:** é o vinho com presença de "taninos verdes", que transmitem a sensação de aspereza na boca. Esses vinhos são difíceis de engolir, principalmente quando jovens; melhoram com o envelhecimento na garrafa, quando os taninos se tornam mais macios.
- **AGRESSIVO:** assim se denomina um vinho que apresenta "agressividade gustativa", resultante do excesso de acidez, acentuada tanicidade ou adstringência. Esses vinhos são "difíceis de beber".
- **AVELUDADO:** se diz do vinho que apresenta sabores macios, harmônicos, sem "pontas" de acidez ou adstringência. É mais utilizado para definir o sabor dos vinhos tintos.
- **BAUNILHA:** os vinhos amadurecidos em carvalho têm sabores que lembram a baunilha, doces, agradáveis. Com o envelhecimento, esse sabor vai deixando de prevalecer e passa a formar parte da complexidade gustativa própria dos vinhos "de guarda".
- **CHATO OU PLANO:** vinho, geralmente branco, em que a falta de acidez e corpo o tornam inexpressivo, sem sabor.
- **ENCORPADO OU COM CORPO:** significa "estrutura, densidade, força" das sensações gustativas.
- **ESTRUTURADO:** é um vinho onde os componentes como álcool, glicerina e extrato são marcantes. É sinônimo de *encorpado* ou *robusto*.
- **HARMÔNICO:** usa-se este termo quando se quer definir um vinho que possui ótimo equilíbrio de seus componentes principais (álcool, acidez, corpo), resultando num produto agradável, fácil de tomar, seja branco, rosado ou tinto.
- **LONGO:** vinho longo de boca é aquele no qual os sabores permanecem na cavidade bucal após bebê-lo. Nos vinhos tintos, especialmente os envelhecidos, esta característica é procurada e necessária. É resultado da estrutura gustativa, do corpo, da densidade.
- **RETROGOSTO:** é uma sensação gustativa ou gosto-olfativa que aparece de trás para frente, após termos engolido o vinho. Quando desagradável, é resultado de vinhos conservados em recipientes pouco apropriados (mal higienizados), de madeira de má qualidade ou vinhos conservados inadequadamente.

- **ROBUSTO**: assim indicamos um vinho rico de álcool e de corpo. Enche nossa boca e seu sabor permanece; tem retrogosto agradável e é longo.
- **SECO**: vinho que não apresenta sabores adocicados, é absolutamente neutro em relação aos açúcares.
- **SEM CORPO**: situação contrária à anterior. São os vinhos que passam rapidamente pela boca, sem deixar resíduos gustativos. Dão a impressão de "aguados".
- **TÂNICO**: indica um vinho, geralmente tinto, rico em taninos. Eles transmitem a sensação de leve adstringência. Os vinhos tintos "de guarda", ou para envelhecer, devem ser necessariamente tânicos, porém de forma equilibrada, não exagerada.

O Brasil no mundo do vinho

A UVA E O VINHO NO MUNDO

Analisando a distribuição dos vinhedos no mundo, é fácil comprovar que ao longo dos séculos a uva se adaptou muito bem em duas faixas, uma no hemisfério norte e uma no hemisfério sul, onde as condições climatológicas de temperatura se equivalem. Ou seja, as uvas para a elaboração de vinhos não têm se adaptado a climas muito quentes ou de temperaturas constantemente altas e a climas muito frios.

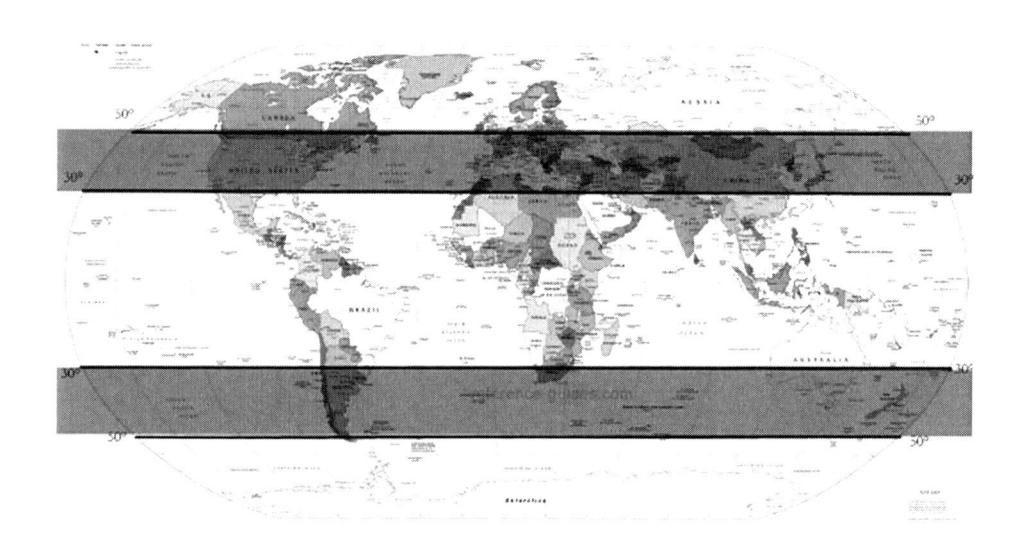

No hemisfério norte se destacam a Califórnia, nos EUA, toda a Europa, uma pequena região ao norte da África e a China, que começa a mostrar sua capacidade. No hemisfério sul se destacam Argentina, Brasil, Uruguai, Chile, África do Sul, Austrália e Nova Zelândia. Todas essas regiões já demonstraram sua potencialidade e algumas começam a afirmar-se no cenário vitivinícola internacional, entre elas as regiões produtoras do Rio Grande do Sul.

Essa distribuição configura as regiões nas quais o Ciclo Anual da Videira é regido pela variação de temperatura durante as diferentes estações.

Nos últimos anos têm surgido novidades neste tema, em especial no Hemisfério Sul, pela adaptação da poda (dupla ou invertida) e da irrigação com um efeito extraordinário. As latitudes, antes consideradas fundamentais (30-33), se alargaram, levando a viticultura a latitudes inferiores, como 20-22 em Minas e São Paulo ou 9 na região de Petrolina, em Pernambuco.

CICLO ANUAL REGIDO PELA VARIAÇÃO DE TEMPERATURA

A diferença climática que separa as quatro estações é importante, já que permite que a vide cumpra o ciclo anual naturalmente. Mostramos a seguir as diferentes etapas do ciclo, as necessidades climáticas e a influência deste sobre a evolução da planta.

Período de descanso ou repouso

- OUTONO: Terminada a colheita e iniciada a época de descenso de temperaturas, o ciclo vegetativo se encerra, o caule se estreita, a seiva para de circular, as folhas secam e caem nos primeiros ventos. A planta está se preparando para entrar na fase de repouso ou descanso.
- INVERNO: Nesta estação, com dias mais curtos e temperaturas mais baixas, a planta repousa e acumula energias por meio de seu sistema radicular. Os invernos longos e de temperaturas baixas e constantes são ótimos e antecipam uma boa colheita, já que permitem que a planta descanse e se prepare para enfrentar o período vegetativo, que exige muito dela.

Durante a fase de descanso, quando a planta está sem folhas e os galhos estão secos, temperaturas muito baixas, neve ou geadas não a afetam.

Ao fim dessa estação é feita a poda, que deixa a planta "limpa" e pronta para iniciar o novo ciclo produtivo. É o ciclo de vida.

Ciclo vegetativo

- **PRIMAVERA**: Caracteriza-se pela elevação lenta e gradual da temperatura ambiente, que provoca o início da movimentação da seiva. O "choro" da vide quando goteja a seiva nas extremidades dos galhos é um pré-anúncio da brotação, que geralmente inicia de 15 a 20 dias depois. Nesse momento surgem os ramos, que crescerão rapidamente em direção aos arames, e logo depois os brotos, que se transformarão em pequeníssimos cachos floridos.

    Nessa fase de floração e fecundação, a geada, o granizo, os ventos e chuvas fortes podem afetar a produtividade de maneira mais ou menos acentuada. Com a fecundação das flores surgem os pequenos grãos, inicialmente do tamanho de uma pequena ervilha verde, que aumentam lentamente de tamanho por multiplicação celular.
- **VERÃO**: Os grãos continuam crescendo durante o início do verão e, num determinado momento, conforme a variedade, o crescimento para e inicia a fase do "envero", ou mudança da cor, quando a pele fica translúcida, permitindo que os raios solares atuem diretamente sobre o suco. Começa nesse momento a maturação dos grãos, quando é importante o desfolhe moderado, para deixá-los expostos ao sol. Como o grão obteve o tamanho definitivo, nessa fase reage diretamente à presença da água. Com chuvas abundantes se encharca, diluindo componentes, aumentando de peso e tamanho, e na falta delas, com estiagem, se enxuga e concentra seus componentes cor e açúcares.

No Rio Grande do Sul, a variável chuvas durante os meses de janeiro, fevereiro e março é determinante da característica das uvas e dos futuros vinhos. Com chuvas excessivas, superiores a 50 mm ao mês, os vinhos resultam mais ligeiros, menos longevos, menos alcoólicos e intensos de cor, aroma e sabor. São vinhos apropriados para o consumo rápido, no máximo em dois ou três anos. Se os índices pluviométricos são menores, os grãos concentram seus componentes cor e açúcares e os vinhos são mais robustos, alcoólicos, longevos, dignos de serem guardados e aguardados.

CICLO ANUAL REGIDO PELA PODA E IRRIGAÇÃO

No Brasil é cultivada uva em regiões que, devido às temperaturas médias elevadas que marcam as estações, estas são diferenciadas pelos ciclos de chuvas.

Assim foi desde sempre na região do Nordeste, em especial em Pernambuco e na Bahia, onde inicialmente o propósito era produzir uvas de mesa e posteriormente uvas para vinhos comuns e finos.

Recentemente, graças à intervenção do Engenheiro Murillo de Albuquerque Regina, foram cultivadas uvas para vinhos finos com resultados assombrosos, aplicando a técnica de "poda invertida ou dupla poda". Este tema será tratado com mais detalhe no item sobre a evolução da qualidade dos vinhos no Brasil.

SITUAÇÃO DA VITIVINICULTURA NO MUNDO

Comentaremos rapidamente a situação comparativa nos principais países da Europa Central e do Leste, Estados Unidos, África, Oceania, Brasil, Argentina e Chile.

ÁREA PLANTADA: Caiu 10% na última década, principalmente nos países do Velho Mundo e na Rússia. No Novo Mundo, a viticultura cresce, salvo na Argentina, chamando a atenção o crescimento de África, China e Oceania. A Espanha continua sendo o pais de maior área plantada, apesar de ficar longe da maior produtividade.

UVAS E VINHOS: Curiosamente, a produção de uvas aumentou, impulsionada por Espanha, que modernizou seus vinhedos, e pelos crescimentos de África do Sul, Brasil, Chile e China. A produção de vinhos se manteve estável, devido ao aumento de produtividade da Espanha, que não reservara para a viticultura suas melhores terras e, devido à carência de água, utilizou historicamente sistemas de condução (arbusto) direcionados para produzir nessas condições, com baixa produtividade por hectare. A criação da União Europeia os obrigou a revisar sua competitividade, que passava pelo rendimento por hectare. E fizeram o dever de casa.

No Chile e no Brasil, a produtividade de vinhos é baixa em relação à área plantada, devido à importância da produção de uvas de mesa, que no Chile chega a 28% da área plantada e no Brasil a 39%.

IMPORTAÇÕES: Nos países do Novo Mundo, onde o consumo ainda não responde a hábitos gastronômicos, os volumes de vinhos importados estão relacionados a duas variáveis: lento aumento de consumo e abertura de mercado. No caso brasileiro, os números mostram a grande importância dos volumes comercializados de vinhos importados. Este tema será mais amplamente explicado em Evolução do Mercado Brasileiro de Vinhos.

Já no Velho Mundo, deve-se considerar que há uma forte comercialização de vinhos a granel.

EXPORTAÇÕES: O crescimento de países como África do Sul, Austrália, Nova Zelândia e Chile mostra a boa aceitação de seus vinhos no mercado mundial, acompanhados por Argentina e EUA. Nos casos de Itália, Espanha e França, salvo nas regiões consagradas, estão fazendo esforços para adequar seus produtos às preferências dos novos consumidores e aos preços que estes estão dispostos a pagar por um vinho de qualidade.

CONSUMO POR HABITANTE/ANO: Estes números são os que justificam os de áreas plantadas e de produção de uvas e vinhos. Continua havendo uma retração de consumo nos países tradicionalmente vitivinícolas e um aumento nos países não tradicionais, como China, Rússia, Brasil e Nova Zelândia.

Por que cai o consumo nos países tradicionalmente vitivinícolas?

Nesses países, que sempre mantiveram o consumo anual por habitante acima dos trinta litros, o hábito era decorrente de uma herança familiar. O vinho formava parte dos hábitos gastronômicos dos pais, que os transmitiam aos filhos. A cesta de pão e a garrafa de vinho eram presenças indispensáveis nas mesas familiares. Nessas épocas, o almoço e o jantar em família eram rituais quase sagrados. O pai sustentava a família, a mãe cuidava da casa e os filhos estudavam para preparar seu futuro. O encontro diário era a melhor convivência e o momento em que os hábitos eram transmitidos aos menores, que eram introduzidos ao mundo do vinho já na adolescência, geralmente misturado com água. Criava-se dessa forma um hábito gastronômico que as pessoas praticavam pelo resto das suas vidas.

Os altos volumes consumidos anualmente se explicam de forma simples: quem bebe um copo médio de vinho todos os dias durante uma refeição, consome aproximadamente 150 ml. Numa semana o consumo será de um litro e num ano de mais de 50 litros. Ou seja, o consumo nos países tradicionais resultava do hábito de beber moderada e constantemente o vinho.

O mundo moderno provocou mudanças importantes nos hábitos de vida das pessoas: o chefe de família raramente almoça em casa, a esposa trabalha e os filhos estudam e trabalham ao mesmo tempo. Isso fez com que o almoço familiar fosse ficando cada vez mais raro, e com isso se foi perdendo lentamente a herança por parte dos jovens dos hábitos familiares. E o consumo de vinhos, por tratar-se de uma bebida-alimento, inserida nos hábitos gastronômicos. Outras bebidas, em especial a cerveja, ganharam mercados tradicionalmente consumidores de vinho por meio de mensagens atrativas para a juventude.

Segundo afirmam as grandes autoridades internacionais da área vitivinícola, o consumidor toma menos, porém toma melhor, já que a queda de consumo se verifica nos vinhos chamados "comuns" ou "de consumo corrente". O consumo de vinhos finos aumenta. Lamentavelmente, a participação dos vinhos finos na comercialização total de vinhos dificilmente ultrapassa 20%.

Com isso, as autoridades afirmam que o consumidor está se aprimorando.

Eu afirmo que, na realidade, o consumidor está se elitizando. O vinho está se transformando em "bebida para alguns", e o futuro é pouco alentador se não se reverter essa tendência, que está quebrando definitivamente a corrente do consumo por "herança familiar".

Pior: o vinho se transforma aos poucos em bebida social, de destaque; vale pela sua presença e não pela sua qualidade, deixando seus últimos e certamente maiores valores: o prazer que transmite ao bebê-lo, a capacidade de unir e seu patrimônio cultural.

O VINHO NO BRASIL

O Brasil se situa no contexto vitivinícola mundial como um país onde, apesar de que a uva e o vinho se instalaram na Serra Gaúcha com a imigração italiana em 1875, portanto há mais de um século, sua cultura pouco se irradiou para fora dos limites geográficos do Rio Grande do Sul. Os volumes consumidos anualmente pouco têm variado, e até hoje não se teve sucesso na tentativa de superar os dois litros e meio. O brasileiro consome aproximadamente 1 litro de vinho fino nacional e importado, 1 litro de vinho de mesa e 0,20 de espumantes, considerando somente pessoas com idade superior a 18 anos. O maior consumo, acima da média geral, se concentra no Brasil "frio", que são os Estados ao sul da Bahia. Devido à falta de hábito, o consumidor precisa de estímulos, e um deles são as temperaturas baixas dos meses de inverno, quando o consumo, em especial dos tintos, aumenta.

Como não poderia ser diferente, o Estado maior consumidor é o Rio Grande do Sul, onde a quantidade é bem superior à média, chegando a quase 5 litros anuais. Em regiões como a Serra Gaúcha, onde a influência da imigração europeia é forte, o consumo supera os vinte litros.

Nas regiões mais ao norte, em função principalmente da falta de hábito, do clima tropical e da cultura da cerveja, o consumo é muito pequeno.

O consumidor brasileiro se diferencia do consumidor de países tradicionais, onde o hábito é resultado da herança familiar, porque "descobre o vinho em idade adulta" e frequentemente o considera instrumento de destaque social. Tomar vinho, independentemente de sua qualidade, é uma demonstração de bom gosto, de refinamento.

Apesar de consumir pouco, é um curioso dos assuntos relacionados ao vinho. Por essa razão, de modo geral está mais bem informado que o consumidor de países tradicionais, conhecedor profundo dos vinhos de sua região, mas ignorante em relação aos vinhos do resto do mundo.

Por ser curioso, informa-se sobre as regiões produtoras, variedades, sistemas de vinificação, etc. e ainda se agrupa em associações, como a ABS – Associação Brasileira de Sommeliers e a SBAV – Sociedade Brasileira dos Amigos do Vinho, onde em cursos e degustações de vinhos aprofunda seus conhecimentos.

Esse interesse resulta num lento progresso, evidenciado pela trajetória natural de quem não foi educado para os sabores próprios do vinho: inicia com vinho rosê ou branco de sabor suave ou levemente adocicado, passa para branco ou tinto seco e finaliza no tinto de guarda, exigente, robusto, cheio de vida.

Quantos dos leitores não iniciaram assim?

Isso é natural e lógico. Para quem nunca bebeu, um vinho branco, rosado ou tinto *demi-sec* são o passo intermediário entre um guaraná e um Cabernet Sauvignon. Iniciar com um tinto seco e robusto poderá ser sua primeira e última vez, já que o sabor algo tânico, ácido e alcoólico do vinho não forma parte da "memória gustativa" da pessoa.

Ir educando, adaptando o paladar para os sabores próprios do vinho é fundamental. Com o tempo, a necessidade de sentir os sabores vínicos supera a presença dos açúcares, que o tornam leve e suave. E muda para o branco seco. E logo chega ao tinto seco, o mais completo e capaz de proporcionar maior prazer.

EVOLUÇÃO DA QUALIDADE DO VINHO NO BRASIL

A evolução que aconteceu no consumidor foi acompanhada pela evolução do setor produtivo.

A indústria vitivinícola brasileira progrediu acentuadamente nas áreas da viticultura e da enologia nas últimas três décadas, e, como resultado desse esforço, os vinhos melhoraram sua qualidade de forma surpreendente.

No início da década de 70, o vinho fino brasileiro começou a conquistar seu merecido espaço no mercado, ganhando distribuição e imagem, e o fez como resultado da evolução tecnológica obtida pela incorporação de equipamentos e instalações modernas e apropriadas para a elaboração de vinhos de qualidade. Em cada década, dos anos setenta aos dias atuais, foram dados significativos passos na melhoria das uvas e da tecnologia.

Etapa de 1970 a 1980

Por ter sido testemunha das mudanças que aconteceram na vitivinicultura brasileira, posso afirmar com certeza que a década de setenta foi um verdadeiro divisor de águas.

As uvas que predominavam, e continuam predominando, eram as da espécie americana e seus híbridos, representando mais de 80% do total produzido.

A comercialização de vinhos tintos "de mesa" feitos com uvas Isabel e Concord em garrafão, geralmente carregados de açúcar, predominavam em todo o Brasil e algumas vinícolas mantinham suas linhas de "vinhos finos". Destacavam-se nessa época as marcas Granja União, com seus varietais Merlot e Riesling Itálico, e os vinhos Precioso, da Cooperativa Garibaldi.

As uvas da espécie europeia ou *vitis vinifera* existentes no início dessa década na Serra Gaúcha eram de origem italiana, como Trebbiano, Riesling Itálico, Peverella e Moscato, entre as brancas, e Barbera, Bonarda, Canaiolo, Merlot e Cabernet Franc, de tintas, com as quais se produziam vinhos brancos e tintos de limitada qualidade, um pouco pelas uvas e muito pelas limitações tecnológicas.

Com a chegada ao Brasil de empresas internacionais decididas a apostar no mercado de vinhos finos, as mudanças rapidamente aconteceram.

Uma das primeiras vinícolas criadas com capital estrangeiro foi a Château Lacave, na cidade de Caxias do Sul. O empreendimento iniciado em 1968 e finalizado em 1978 foi realizado pelo saudoso empresário uruguaio Juan Carrau. Dessa vinícola surgiram os primeiros vinhos tintos varietais, tendo como destaque o Cabernet elaborado com Cabernet Franc. Confesso que a qualidade desse vinho me inspirou e convenceu que era possível produzir vinhos de alta qualidade na Serra Gaúcha.

Essa vinícola, junto às novas que chegaram, como Martini e Rossi (1973), Chandon (1973) e Seagram (1977), foram as que mais influenciaram o setor, devido à sua determinação e confiança no mercado consumidor e à capacidade de aportar recursos financeiros e tecnológicos sem limites.

A Martini e Rossi, de origem italiana e com atuação no Brasil desde 1951 com seu conhecido vermute, lançou em 1966 uma marca própria de vinhos, com a qual ganhou a liderança absoluta em cinco anos: o Château Duvalier, nos tipos branco seco, tinto seco e rosê *demi-sec*. Aproveitando a eficiente rede de distribuição de que a empresa dispunha em todo o Brasil, e apoiado com fortes campanhas publicitárias na TV e revistas, o vinho Château Duvalier se transformou na primeira marca de vinho fino brasileiro presente em restaurantes, clubes, hotéis e redes de supermercados.

A Seagram, criadora da marca Maison Forestier, logo se posicionou como produtora de vinhos finos de qualidade e a Chandon deu um especial impulso aos espumantes da Serra Gaúcha. Todas essas empresas se instalaram na cidade de Garibaldi, com cantinas que oferecem a seus enólogos os mais avançados recursos tecnológicos. Como consequência disso, os vinhos, em especial brancos e espumantes, mais sensíveis à influência da tecnologia, deram um acentuado salto de qualidade.

Para exemplificar o grau de avanço da tecnologia existente na Serra Gaúcha nessa época, podemos afirmar que alguns itens não eram utilizados na América do Sul, como:

- Uso de caixas plásticas de 18 kg para transportar as uvas dos vinhedos até as cantinas.
- Barricas de carvalho de 225 litros para maturar vinhos tintos.
- Prensas pneumáticas para extração dos sucos com baixas pressões na elaboração de vinhos brancos.
- Reservatórios em aço inoxidável para fermentação de vinhos brancos com dispositivos de controle de temperatura.
- Maceradores rotativos para elaborar vinhos tintos de qualidade.
- Filtros a vácuo para tratamento de resíduos de fermentação e maceração.

Paralelamente aos investimentos direcionados para os equipamentos de elaboração, essas empresas procuraram soluções para a melhoria da qualidade das uvas, e por tal razão iniciaram um rápido processo de substituição, renovação e ampliação dos vinhedos dos produtores da região. Importaram mudas certificadas, ofereceram assistência técnica e começaram a premiar esses esforços pelo aumento dos preços pagos pelas uvas. A ação dos agrônomos junto os produtores provocou uma mudança na forma de produzir, priorizando a qualidade e limitando a quantidade e também identificando adequadamente as variedades. Foi limitado o uso de adubos fortemente nitrogenados, implementada a poda racional, a poda-verde e o raleio, que eliminava folhagem excessiva e possibilitava a maior maturação das uvas.

Essas novas variedades deram início aos primeiros vinhos "varietais", que declaram a uva no rótulo, e impulso a eles no mercado nacional. A presença dos vinhos importados, devido a altas taxas de importação cobradas, ainda não representava ameaça aos vinhos nacionais.

Etapa de 1980 a 1990

A partir do início dos anos 80, e dando mais um passo rumo à melhoria qualitativa de seus vinhos, a indústria vitivinícola nacional começou a implantação de variedades de origem francesa com maior potencial, tais como Chardonnay, Sauvignon Blanc, Riesling do Reno, Gewurztraminer, entre as brancas, e Cabernet Sauvignon, Tannat e Pinot Noir, entre as tintas.

Até aí fora constatado que não haveria maior evolução dos vinhos pelo caminho da tecnologia. Era necessário definitivamente modificar o "plantel de variedades" e aprimorar ainda mais a maneira de cultivá-las, introduzindo outros sistemas de condução, porta-enxertos, tipos de poda, etc.

A experiência evidenciou alguns erros cometidos na fase inicial. Citaremos alguns: as videiras importadas da França na década de 70 eram enxertadas sobre um porta-enxerto que não se adaptava bem ao clima úmido da Serra, o SO4. Foi necessário aguardar alguns anos até que se pudesse dispor de outros melhores, como o Paulsen 1103, 101-14, etc.

Foi necessário insistir na adequada poda-verde e no desfolhe, que favoreciam maior amadurecimento das variedades tintas, destinadas a vinhos de guarda.

Enfim, concentraram-se todos os esforços para que a qualidade das uvas permitisse aproveitar todo o potencial tecnológico disponível.

Na elaboração de vinhos tintos, observou-se a influência negativa dos tipos de madeira locais, como grápia, pinho, amendoim, que pouco ou nada aportavam no envelhecimento. Algumas delas transmitiam seu sabor resinoso, amargo, aos vinhos nelas depositados.

Esse fato motivou a importação de madeira nobre, como o carvalho francês, na forma de barricas de 225 litros, que permitiu aos vinhos elaborados com uvas de melhor qualidade, dar a conveniente maturação por meio da polimerização dos taninos. Os vinhos ganhavam maciez e elegância com toques de baunilha, que posteriormente, durante o período de envelhecimento na garrafa, resultava no buquê que tanto encanta os apreciadores de produtos de qualidade.

Finalmente, em 1991, quando se deram condições magníficas na região, quando choveu a metade do habitual, uva e cantina estavam preparadas para dar no que deu: vinhos tintos com qualidade comparável aos grandes vinhos do mundo.

Algumas variedades devem ficar no caminho: o Riesling do Reno, pela baixa produtividade, e o Gewurztraminer, pela tendência à podridão.

Etapa de 1990 até início do novo século

Na década de noventa, o setor sofreu uma mudança na estrutura produtiva e comercial devido a problemas enfrentados por algumas cooperativas e ao desinteresse de algumas empresas internacionais, que deixaram de operar com vinhos. Isso fez com que houvesse excedentes de uvas e, como consequência, muitos produtores tiveram dificuldade de colocar sua produção. Alguns produtores começaram a elaborar seus próprios vinhos, criando pequenas vinícolas familiares e modificando o perfil das empresas, antes concentradas nas de origem estrangeira ou nacionais de grande porte. Com o desinteresse e excedentes, houve um certo abandono na produção que se fez sentir na safra de 1998, quando a falta de oferta elevou os preços a patamares que colocavam em risco a competitividade.

Algumas famílias de agricultores que enfrentaram o problema de colocação das suas uvas, iniciaram a produção de seus próprios vinhos. Assim nasceram as vinícolas Miolo, Lidio Carraro e Pizzato, para citar alguns exemplos.

Além disso, a insegurança criada em relação ao fornecimento de uvas na Serra Gaúcha permitiu o surgimento ou expansão de novas regiões, como Encruzilhada do Sul, Candiota, Bagé, Caçapava do Sul, entre outras, onde vinícolas como Chandon, Valduga, Salton e Miolo iniciaram empreendimentos vitícolas próprios. Esses empreendimentos buscavam uvas de qualidade; por isso todos eram implantados no sistema espaldeira de condução, material vegetativo certificado e produtividade controlada.

O perfil de produção, antes formado por pequenos agricultores na Serra Gaúcha começou a ser ampliado para os vinhedos de maior porte implantados pelas próprias vinícolas na conhecida como Metade Sul do Estado do Rio Grande do Sul.

É importante destacar a grande evolução da viticultura que substituiu o antigo sistema de condução em latada pela espaldeira onde o sol e a luz atendem melhor as necessidades da planta.

Importante também o surgimento de novas regiões fora da Região Sul, algumas nunca antes imaginadas, como as situadas ao sul de Minas e norte de São Paulo. Nelas, um engenheiro agrônomo que estudou em Bordeaux, Murillo de Albuquerque Regina, teve a feliz ideia de adaptar um sistema de dupla poda, conhecida como "poda invertida", porque inverte o ciclo de produção do verão para o inverno. Dessa forma, a região toda cultivou uvas fugindo das chuvas de verão e colhendo no inverno, quando as noites frias e os dias quentes oferecem condições ótimas para produzir uvas destinadas a vinhos de alta qualidade.

A iniciativa do engenheiro Murillo ampliou o afamado paralelo 31 para o 22, 20, e abriu definitivamente as fronteiras do cultivo de uvas no Brasil.

Essas novas regiões com suas iniciativas alargaram a oferta de uvas e vinhos e enriqueceram o mercado. Uma nova era se inicia. E a participação dos vinhos brasileiros apresentou crescimento após longos anos de declínio.

EVOLUÇÃO DO MERCADO DE VINHOS NO BRASIL

No Brasil, contrariamente ao que acontece em países tradicionais, o mercado é extremamente dinâmico, devido a que o consumidor está em constante fase de aprendizado, de descobrimento, de interesse.

Nos últimos anos da década de 60, a entrada de empresas internacionais (exemplo: a Martini e Rossi com seu Château Duvalier) na elaboração e distribuição de vinhos finos deu impulso expressivo a suas vendas. Por tratar-se de consumidores novos, pouco habituados aos sabores próprios do vinho, as vendas do rosado suave e leve representavam quase um terço do total. Já na década de 80, quando foi lançado o primeiro vinho branco "tipo alemão", também suave ou levemente adocicado, este ganhou volume de vendas basicamente como substituto em sabor do vinho rosado, que enfrentava o preconceito dos "entendidos", que achavam que o rosado não poderia ser considerado vinho. A argumentação principal desses "entendidos" era a mistura de branco e tinto, que dava origem à cor de alguns rosados nacionais. Como se misturar vinhos tintos com brancos fosse crime. Na realidade, o rosado é um vinho adocicado, como o branco tipo alemão, e com sabor adaptado ao paladar das pessoas que não estão habituadas a beber vinho. Esses vinhos são importantes se considerarmos que o consumidor é progressivo, ou seja, se inicia com vinhos de sabor ligeiro, passa posteriormente aos vinhos secos brancos e finalmente aos tintos. A educação do paladar é um fato. Poucas pessoas apreciam um vinho tinto seco quando jamais beberam vinho antes.

Hoje a comercialização de vinhos brancos e tintos secos é expressiva e demonstra esse progresso. Brancos maduros, varietais, e tintos de guarda, robustos, encorpados, amadurecidos em carvalho, ganham adeptos a cada dia.

O mercado de vinhos foi se ampliando e acompanhando o forte crescimento demográfico do Brasil. Até fins dos anos oitenta, a participação dos produtos nacionais no mercado total predominava e nada parecia ameaçar essa situação de aumento do mercado, melhoria de qualidade, competitividade, etc. Mas um fato aconteceu que começou a modificar essa aparente tranquilidade: a abertura de mercado no início dos anos noventa. A criação do Mercosul, que pretendia zerar as taxas de importação e a diminuição delas de modo geral, como mecanismo para atacar a inflação e estimular a competitividade, chegaram num momento de euforia do setor que provocou aumento perigoso dos custos das uvas e dos insumos.

Os vinhos importados ganharam força e competitividade e os vinhos nacionais começaram a sentir os efeitos dessa situação.

Nos anos 1994 e 1995, o Brasil importou mais de 1,3 milhão de caixas de doze unidades de um vinho branco adocicado da Alemanha, embalado numa garrafa azul que parecia um abajur, mas que encantou os novos consumidores, em especial do norte do país. Esse vinho afetou gravemente as vendas dos vinhos brancos tipo alemão elaborados no Brasil e que representavam uma porcentagem importante. Enquanto a oferta de vinhos importados aumentava devido ao fortalecimento dos canais de distribuição, o vinho nacional lutava para melhorar a qualidade e diminuir custos.

Outros países da Europa ganharam importância, atingindo volumes expressivos, como as 600 mil caixas em 1997 de Portugal, 420 mil da França em 1998 e mais de 900 mil da Itália em 2000. O vinho tinto, como resultado dos estudos que demonstraram os benefícios aportados à saúde quando bebido moderadamente, ganhou adeptos e foi de longe o tipo preferido pelos apreciadores.

Mas ainda haveria novidades no mercado brasileiro de vinhos que com certeza não privilegiavam os vinhos nacionais: a invasão de vinhos de nossos vizinhos Chile e Argentina, que começou no ano de 2000. Como era de esperar, esses países produtores de excelentes vinhos tintos, situados próximos do Brasil e com uma enorme capacidade de produção, começaram a ganhar mercado de forma assustadora. Redes de supermercados e novos importadores viram nos vinhos desses dois países uma oportunidade de aumentar seus negócios. Com isso, Chile e Argentina cresceram muito, e desde 2003 são os países que mais exportam para o mercado brasileiro, ocupando todos os níveis qualitativos e de preço, destacando-se algumas marcas absolutamente desconhecidas, de qualidade duvidosa, vendidas a preços inexplicavelmente baixos, que em nada ajudam à imagem dos vinhos desses países.

Os vinhos brasileiros, entretanto, continuam sendo castigados por uma vergonhosa carga de impostos, prazos curtíssimos para seu recolhimento e uma concorrência, em alguns casos, predatória.

Como resultado dessa equação desfavorável, a participação no mercado de vinhos finos importados, que na década de oitenta era de 20%, foi crescendo a cada ano; na década de dois mil já superava os 50%, atingindo a marca de 88% no ano de 2019.

Quando parecia que nada iria mudar, o mundo é atingido pela pandemia da Covid-19, que provoca, em especial no Brasil, mudanças nos hábitos de consumo das pessoas. Com a necessidade de impedir a propagação do vírus,

COMPARATIVO IMPORTADOS X NACIONAIS – 2004 a 2008

EXCETO MERCOSUL	2004	U$ FOB	2005	U$ FOB	2006	U$ FOB	2007	U$ FOB	2008	U$ FOB
ÁFRICA DO SUL	33.721	19,72	45.268	17,13	39.874	29,19	42.936	30,75	35.042	32,87
ALEMANHA	46.675	11,80	28.187	13,57	34.942	18,15	26.001	24,91	32.659	32,57
AUSTRÁLIA	21.393	26,24	36.018	25,02	28.267	37,49	40.401	39,19	23.904	52,24
ESPANHA	67.074	31,19	56.499	44,32	107.985	39,72	95.783	47,05	110.077	54,84
ESTADOS UNIDOS	8.837	28,89	5.886	41,58	6.809	52,21	8.820	37,89	7.372	77,76
FRANÇA	232.473	26,68	185.697	31,15	284.663	36,91	304.216	48,39	274.031	59,39
HUNGRIA	1.219	22,08	1.206	44,44	1.170	46,62	1.622	50,89	3.002	56,25
ISRAEL	930	18,65	1.370	18,32	739	18,19	1.472	18,61	966	42,61
ITÁLIA	687.822	17,77	667.862	16,92	887.071	19,19	1.019.770	21,60	1.080.366	22,57
NOVA ZELÂNDIA	1.308	82,00	3.477	64,55	3.536	72,11	5.247	79,53	6.490	82,69
PORTUGAL	461.233	26,20	575.870	26,06	659.589	28,90	756.178	31,67	690.420	34,51
Subtotal EUROPA	1.562.635		1.607.342		2.054.677		2.302.446		2.264.330	
MERCOSUL	**2004**	**U$ FOB**	**2005**	**U$ FOB**	**2006**	**U$ FOB**	**2007**	**U$ FOB**	**2008**	**U$ FOB**
ARGENTINA	1.133.622	15,12	1.205.024	17,94	1.356.636	19,24	1.735.686	20,83	1.601.973	23,34
CHILE	1.237.127	18,20	1.294.125	19,82	1.771.356	20,71	2.093.947	22,77	2.073.625	24,47
URUGUAI	73.391	14,84	56.997	16,21	79.497	18,11	265.247	11,81	102.265	20,43
Subtotal MERCOSUL	2.444.141		2.556.146		3.177.490		4.094.880		3.777.864	
Outros diversos	771		2.301		3.014		5.587		3.336	
TOTAL IMPORTADOS	4.007.597		4.165.788	3,9	5.235.180	25,7	6.402.912	22,3	6.045.530	(5,6)
Participação	64%		63%		69%		74%		79%	
FINO NACIONAL	2003		2004		2005		2006		2007	
NACIONAIS	2.206.659		2.477.908	12,3	2.379.759	(4,0)	2.276.613	(4,3)	1.633.479	(28,2)
Participação	36%		37%		31%		26%		21%	
TOTAL MERCADO	6.214.256		6.643.696	6,9	7.614.939	14,6	8.679.525	14,0	7.679.009	(11,5)

	Litros		Diferenças	08 x 07
Importados	54.409.767		Total	(1.000.517)
Nacionais	14.701.311		Importados	(357.383)
Total	69.111.078		Nacionais	(643.134)

a principal medida tomada de imediato foi a de controlar rigorosamente a circulação das pessoas. O lema "fique em casa" afeta os hábitos de consumo, não existe mais a possibilidade de frequentar restaurantes, clubes nem realizar encontros sociais. Com isso o consumo de vinhos se concentra nos lares e os meios de comercialização que mais crescem são os supermercados, *e-commerce* e *sites* das vinícolas. A necessidade de atender o consumidor nessa nova modalidade provocou um efeito positivo: as vinícolas, em especial as pequenas, que não comercializavam seus produtos por canal direto, foram forçadas a implementar esse dispositivo para poder chegar a seus clientes.

Foi um progresso para elas e uma oportunidade de crescimento do vinho fino nacional.

Sem dúvida que o surgimento do fenômeno das *lives* abordando o tema uvas e vinhos nas redes sociais, em especial no Instagram, possibilitou que o consumidor descobrisse o vinho nacional, suas características, suas uvas, suas regiões, seus encantos. Algumas pessoas argumentam que foi devido ao aumento da qualidade dos vinhos. Com essa afirmação eu não concordo, pois a qualidade vem em constante melhora desde os anos setenta. O que aconteceu foi que o vinho nacional ficou em evidência e chegou aos consumidores com maior intensidade.

O quadro a seguir mostra o aumento forte de consumo no ano de 2020 em relação ao ano anterior. Enquanto os vinhos importados cresceram 28,5%, os nacionais aumentaram suas vendas em 49%. Com isso, a participação de 88-12 passou para 86-14, consolidada em 2021, quando chegou a 85-14 devido ao crescimento comparativo de 6,6% dos importados com 11,8% dos nacionais.

Acredito que o crescimento poderá continuar nessa tendência, levando a participação a uma situação mais justa, 75-25 ou pelo menos 80-20. A força dos vinhos importados assegurada pela intensa participação dos *e-commerce* e das importadoras, dificilmente permitirá uma maior participação dos vinhos nacionais no mercado a médio prazo. A importação direta de vinhos dos supermercados, em grandes volumes e baixo preço FOB, em especial do Chile e da Argentina, também contribui em favor dessa categoria de produto.

As grandes vinícolas nacionais, na procura de volumes, concentram suas vendas no mercado *off trade*, que é representado por supermercados, hipermercados e lojas de varejo em geral. Esses canais são muito competitivos e o preço desempenha papel fundamental. E temos de reconhecer que o setor vinícola brasileiro não é muito eficiente nesse aspecto, devido ao alto custo da uva, dos insumos, em especial a garrafa, e da sufocante carga tributária que recai sobre a mão de obra e serviços públicos, como a energia.

O atrativo que uma garrafa "de vinho importado barato" representa para uma boa parte dos consumidores é imenso.

Na minha opinião, o crescimento da comercialização dos vinhos produzidos nas diferentes regiões do Brasil se dará com o aumento do número de consumidores, ainda muito pequeno. O consumo *per capita* nos últimos cinquenta anos se manteve relativamente estável, com bom crescimento em 2020 e 2021, pelas razões expostas. Com a entrada de novas modalidades de consumo, como o vinho em lata, que poderá atrair o público jovem, e a embalagem *bag in box,* que facilita o consumo diário em casa, o consumo deverá continuar em lento crescimento.

Eu sempre defendi que sem comprometimento dos produtores nacionais e estrangeiros, será difícil que o vinho ganhe mais presença nas mesas dos brasileiros. Eu sugiro uma grande, longa e duradoura campanha de publicidade do vinho como instituição, como bebida-alimento, como produto cultural, que desenvolve a economia e o progresso regional. Valorizar e destacar a terra, o agricultor, o trabalho artesanal, o esforço que representa cultivar uvas em geografias acidentadas. Infelizmente, uma boa parte do setor da vitivinicultura brasileira olha o vinho importado como inimigo contra o qual se deve lutar. Na realidade, o consumo seria mais insignificante com a ausência dos vinhos originários de outros países, que chamam a atenção, cativam apreciadores, desafiam a competitividade do vinho nacional. Argumentar que a carga tributária é a causa da falta de competitividade do vinho nacional é uma grande mentira, porque, dependendo da origem, os vinhos importados são mais taxados. Sim, é verdade que o *custo Brasil* castiga as empresas, os insumos, em especial as garrafas, são caríssimas e escassas, a energia cara, os serviços também.

É importante promover a união em torno do VINHO INSTITUIÇÃO e criar um grupo que aportará os recursos necessários para financiar essa campanha, que logicamente deverá ter um plano promocional. Poderiam se envolver os governos federais e estaduais de Brasil, Chile e Argentina, que, a exemplo do Fundovitis, derivariam recursos para esse fundo através de renúncia fiscal, ou seja, parte do imposto arrecadado na comercialização de vinhos e espumantes seria direcionado para esse fim.

Do total de vinhos finos importados no Brasil, mais de 55% são originários de Chile e Argentina e por isso os torna os mais interessados no crescimento do mercado. Não existe no mundo um mercado tão favorável aos

COMPARATIVO DOS VINHOS IMPORTADOS E NACIONAIS EM CAIXAS 12 x 0,75

EXCETO MERCOSUL	2010	2015	2016	2017	2018	2019	2020	2021
ÁFRICA DO SUL	107.364	82.605	64.315	125.069	123.872	120.620	64.300	92.400
ALEMANHA	21.429	10.575	17.351	9.524	15.868	10.693	-	-
AUSTRÁLIA	45.677	43.909	57.522	35.629	51.127	34.945	-	-
ESPANHA	180.258	336.038	438.711	714.929	613.524	638.802	793.700	972.300
EST. UNIDOS	23.394	86.126	80.602	129.061	58.678	57.025	40.000	421.000
FRANÇA	311.230	400.962	425.095	645.119	504.829	583.323	619.700	676.900
ISRAEL	1.754	2.114	1.394	2.589	2.896	4.339	-	-
ITÁLIA	1.324.230	912.725	878.993	1.353.161	1.216.405	1.194.560	1.153.400	1.278.400
NOVA ZELÂNDIA	11.409	13.038	5.575	3.486	14.037	13.278	-	-
PORTUGAL	889.001	1.084.176	1.202.338	1.811.691	1.959.875	2.014.832	2.608.300	2.858.600
EUROPA	2.917.969	2.972.836	3.175.820	4.832.9030	4.563.957	4.676.215	5.279.400	6.299.600
MERCOSUL	2010	2015	2016	2017	2018	2019	2020	2021
ARGENTINA	1.885.050	1.383.880	1.566.447	1.707.419	1.689.961	1.828.326	2.505.400	2.966.100
CHILE	2.938.716	4.070.997	4.819.012	5.694.178	5.662.257	5.855.772	8.064.100	7.691.600
URUGUAI	138.741	149.500	241.751	328.700	316.068	305.344	452.300	421.00
MERCOSUL	4.962.507	5.604.376	6.627.210	7.730.297	7.665.286	7.990.442	11.021.800	11.078.700
Outros diversos	10.260	54.902	(41.784)	6.375	15.142	13.398	-	-
IMPORTADOS	7.890.736	8.632.115	9.758.246	12.569.576	12.244.385	12.680.055	16.301.200	17.378.300
Participação	79%	79%	82%	88%	88%	88%	86%	85%
NACIONAIS	2010	2015	2016	2017	2018	2019	2020	2021
NACIONAIS	2.067.486	2.236.395	2.173.288	1.763.879	1.644.234	1.781.486	2.660.892	2.975.116
Participação	21%	21%	18%	12%	12%	12%	14%	15%
MERCADO	9.958.222	10.867.510	11.931.534	14.333.454	13.888.619	14.461.541	18.962.092	20.353.416
Litros	89.623.996	97.807.590	107.383.803	129.001.086	124.997.571	130.153.869	170.658.828	183.180.744

vinhos desses nossos vizinhos. USA, Reino Unido e China são mercados alvos dos produtores europeus que consideram o Brasil complicado e pequeno para vinhos de alto valor agregado.

No lugar de ficar lutando para ganhar uma fatia do mercado, a solução mais promissora para todos é o aumento do número de consumidores.

Princípios básicos da elaboração de vinhos e espumantes

4

DEFINIÇÃO DE VINHO

> "Vinho é exclusivamente o produto resultante da fermentação alcoólica dos açúcares do suco (ou mosto) da uva sã, fresca e madura."

O célebre químico e biólogo Luís Pasteur afirmou que "o vinho é a mais higiênica e saudável das bebidas".

Essa frase simplifica a essência do vinho: é um produto resultado da ação da natureza em toda a sua plenitude. O vinho não é consequência da mistura de diversas matérias-primas, por isso não é um produto *fabricado*.

É resultado da transformação natural dos açúcares do suco da uva em álcool etílico, anidrido carbônico e mais de uma centena de outros componentes. Por isso é um produto *elaborado*, em que o homem, neste caso o enólogo, simplesmente conduz o processo de modo que nada interfira negativamente sobre ele.

A partir desse raciocínio é fácil concluir que o grande valor do vinho é sua característica regional, local, já que é fruto da uva produzida numa determinada zona, com seu clima, seu solo e seus tratos culturais, vinificada corretamente, de modo a extrair o máximo de sua potencialidade qualitativa. O homem interfere? Sim, produzindo uvas corretamente e conduzindo o processo de vinificação com técnica, precisão e muita sensibilidade. Como a decisão final sobre o tipo de produto que deve ser engarrafado é do enólogo, é natural que o vinho "tenha a cara" deste. É a razão pela qual cada vinícola tem um estilo próprio que a identifica.

Por isso, nada é mais injusto e leviano do que condenar um vinho bem elaborado pelo simples fato de ser originário de uma região não consagrada ou tradicional. Em todas as zonas vitivinícolas do mundo, produzem-se vinhos típicos de magnífica qualidade, diferentes uns dos outros. E também nessas regiões se produzem vinhos indignos de levar seu nome. O prazer está em descobri-los.

A ORIGEM DAS BEBIDAS FERMENTADAS

A origem das bebidas fermentadas deve ser procurada nas próprias origens do homem. Acredita-se que o mel das abelhas, misturado com água e abandonado, foi uma das primeiras bebidas fermentadas. Tão simples, que não precisava de mais nada para ser feita.

No caso do vinho, a Bíblia já nos lembra Noé cultivando as videiras.

O fenômeno pelo qual um líquido com açúcar começa sozinho a desprender borbulhas de gás, forma espuma e passa de estado estático a dinâmico, num movimento que lembra a água fervendo, perdendo sabor doce e adquirindo força embriagadora, chama-se fermentação, nome proveniente do latim *fervere,* que quer dizer *ferver.* Antigamente, não existiam explicações científicas para esse fenômeno, e o mistério permaneceu até inícios do século XIX.

No longínquo ano de 750 a.C., o famoso alquimista Geber logrou separar de um líquido em fermentação seus produtos voláteis por destilação. Esse produto foi chamado *aqua ardens,* hoje conhecido como aguardente.

Mas quais seriam os agentes ou responsáveis pela fermentação?

No transcorrer dos anos, surgiram inúmeras teorias. Somente no início do século XIX foi definido que os micro-organismos responsáveis pela fermentação eram de origem vegetal, e através de estudos posteriores foram classificados no gênero *saccharomyces* ou fungos do açúcar, que posteriormente se chamariam de *leveduras.*

A ação desses micro-organismos continuou em discussão até 1858, quando um extraordinário químico e biólogo chamado Luís Pasteur demonstrou de forma incontrovertida a natureza biológica da fermentação.

Dos estudos de Pasteur surgiram duas grandes verdades:

1. Não existe fermentação sem micro-organismos, ou seja, nenhum líquido adocicado fermentará sem a presença das leveduras.

2. A fermentação é a consequência da vida sem ar, ou seja, a levedura fermenta os açúcares de um líquido na ausência absoluta de oxigênio.

Pasteur demonstrou ainda que a levedura tem dois tipos de ação: uma onde se reproduz ou multiplica (a levedura é unicelular), passando de algumas células a centenas de milhões delas, chamada ação respiratória. Nessa fase a levedura precisa de oxigênio, sendo por isso uma fase aeróbica. Alimenta-se principalmente de substâncias nitrogenadas.

Na segunda ação, a levedura diminui a velocidade de multiplicação e passa a se alimentar dos açúcares, produzindo álcool etílico e anidrido carbônico, principalmente, sem precisar do oxigênio; por isso essa fase, chamada de ação fermentativa, é anaeróbica. A fermentação é um fenômeno exotérmico, ou seja, gera calor; por isso, um dos sintomas é o aumento da temperatura do líquido.

Multiplicação, aumento da temperatura, produção de álcool e de anidrido carbônico são fenômenos que irão acompanhar as explicações sobre a elaboração de vinhos e champanhas.

Em resumo, a elaboração de vinhos é a transformação dos açúcares do suco da uva em álcool etílico, anidrido carbônico e outros componentes em menor volume, como resultado da ação das leveduras.

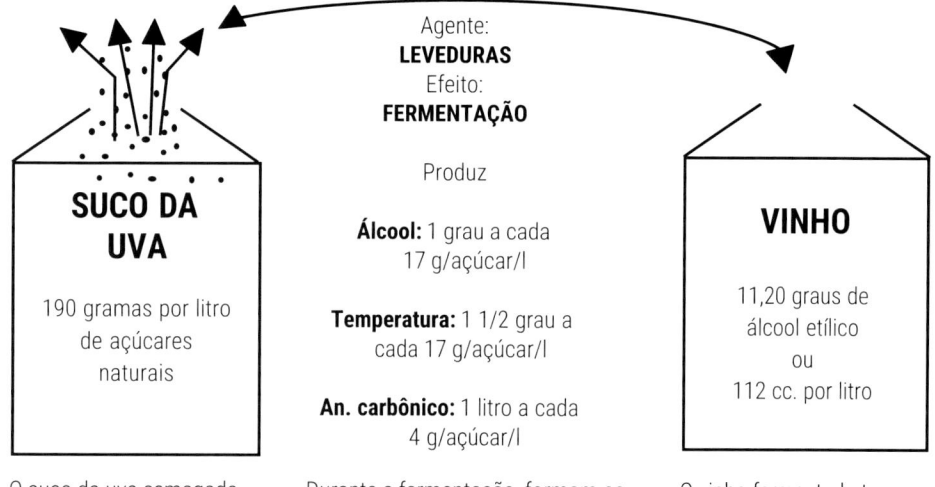

SUCO DA UVA

190 gramas por litro de açúcares naturais

O suco da uva esmagada fermenta e o anidrido carbônico, nesta fase, é eliminado pela porta superior do reservatório.

Agente: **LEVEDURAS**
Efeito: **FERMENTAÇÃO**

Produz

Álcool: 1 grau a cada 17 g/açúcar/l

Temperatura: 1 1/2 grau a cada 17 g/açúcar/l

An. carbônico: 1 litro a cada 4 g/açúcar/l

Durante a fermentação, formam-se os componentes conforme as quantidades relacionadas acima. O aumento da temperatura se controla, esfriando o suco.

VINHO

11,20 graus de álcool etílico
ou
112 cc. por litro

O vinho fermentado tem a graduação alcoólica resultante da quantidade de açúcar que possuía a uva.

A QUALIDADE E CARACTERÍSTICAS DE UM VINHO

A qualidade e características de um vinho são resultado de dois fatores de idêntica importância, que são: a matéria-prima e a tecnologia.

Na elaboração de vinhos brancos e rosados, a extração do suco por prensagem e o controle da temperatura na fermentação desempenham papel fundamental, como veremos adiante, por isso que neste caso a tecnologia (ou a possibilidade de dispor de equipamentos adequados e de fazer controles automáticos) pesa mais. No caso dos vinhos tintos, a qualidade da uva, seu grau de amadurecimento e a concentração de componentes da cor são fundamentais, sendo que para estes vinhos a tecnologia pesa menos.

A MATÉRIA-PRIMA

A qualidade da uva utilizada para elaborar vinhos finos, independentemente da variedade, é avaliada em função do grau de amadurecimento e do estado sanitário, ou seja, uvas sadias, frescas, que não apresentem grãos podres.

Conheçamos agora algumas características da uva, sua classificação botânica, seu ciclo vital e seu ciclo anual.

CLASSIFICAÇÃO BOTÂNICA DA UVA

Ordem: RAMNIDAS
Família: VITACEAS
Subfamília: AMPELIDEAS
Gênero: VITIS
Subgênero: EUVITIS

Subgênero EUVITIS {
- Espécie AMERICANA
- Espécie EUROPEIA – *Vitis vinifera*
- Espécie ASIÁTICA
}

No subgênero *Euvitis* verificamos a existência de três espécies: a Americana e seus híbridos, muito difundidos no Brasil nas variedades Concord e Isabel, muito apropriadas para elaborar sucos de uva de qualidade, pela sua cor intensa e seu sabor de uva; a Europeia, que abrange as *Vitis vinifera*,

CICLO VITAL DA VIDEIRA

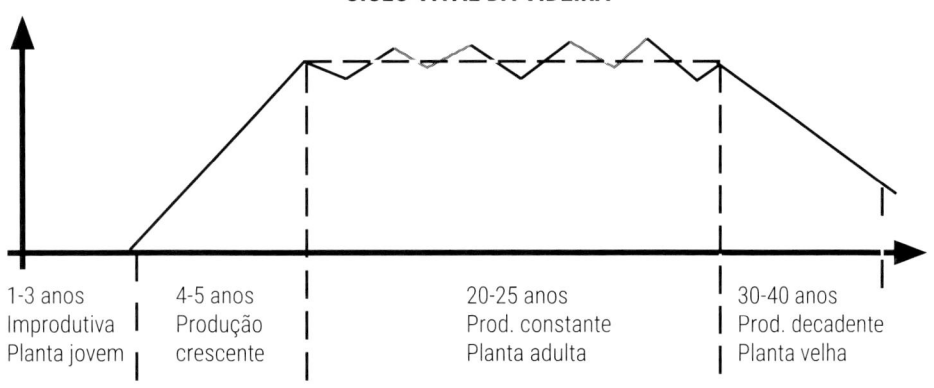

1-3 anos	4-5 anos	20-25 anos	30-40 anos
Improdutiva	Produção	Prod. constante	Prod. decadente
Planta jovem	crescente	Planta adulta	Planta velha

As videiras enxertadas têm um ciclo vital mais curto, por envelhecimento precoce do sistema radicular, devido a leves discordâncias de afinidade entre porta-enxerto (ou cavalo) e enxerto. As videiras de pé-franco podem ser seculares.

que corresponde a aproximadamente 20% da produção brasileira; exemplos: Cabernet Sauvignon e Franc, Chardonnay, Riesling Itálico e Renano, etc.; e a Asiática, que está pouco difundida, pelo escasso interesse enológico.

No quadro acima observamos o ciclo de vida de uma videira. Logo após plantada, seja em pé-franco ou enxertada, a videira inicia seu crescimento, quando é formada a copa ou estrutura fixa, que posteriormente, ano a ano, dará sua produção. Esta fase que não produz uva leva três anos e a planta exige todo o cuidado, já que está formando sua estrutura radicular. O futuro da planta dependerá muito desta primeira fase, por isso ela não deve produzir, e sim se fortalecer e formar a base radicular.

Entre o quarto e o quinto anos de vida, a planta produz de forma crescente até chegar ao máximo de produtividade, que varia de variedade para variedade. Geralmente, variedades como Chardonnay, Pinot Noir e Cabernet Sauvignon produzem entre 8 e 12 toneladas por hectare. As variedades americanas e algumas viníferas, como a Moscato, por exemplo, podem ultrapassar as 25 toneladas por hectare.

Na fase de planta adulta, a produtividade é relativamente constante, variando em função da adubação, da poda e do clima, principalmente.

Quanto maior for a produtividade na fase adulta, menor será seu ciclo vital.

Já a partir dos trinta anos, a produtividade da planta começa a decair até chegar a quantidades antieconômicas, quando deve ser renovada ou substituída.

Como já dissemos anteriormente, as videiras de pé-franco, e entre elas devemos incluir as americanas, têm ciclo vital mais longo.

CICLO ANUAL DA VIDEIRA

O ciclo anual da videira é constituído pelas diferentes fases por que passa a planta num período de 12 meses.

O ciclo anual compreende dois subciclos, que trataremos separadamente, para maior clareza, apesar de que em determinado momento se sobrepõem.

Subciclo
VEGETATIVO

Período de crescimento vegetativo: inicia com o "choro" da videira, que acontece após a poda, logo antes da brotação, e vai até a parada da brotação (meses de setembro a dezembro, aproximadamente. As uvas precoces, como Pinot Noir e Chardonnay, terminam este ciclo antes).

Período de elaboração e estreitamento: inicia com a formação do grão, seu crescimento por multiplicação celular, o amadurecimento, e vai até a queda das folhas (meses de janeiro a abril aproximadamente). Neste período, o fruto passa pelas fases *herbácea*, quando a clorofila permanece na pele e o grão aumenta rapidamente de tamanho, *da mudança de cor*, quando para seu crescimento e inicia a aparição dos pigmentos da cor; e a *de maturidade* ou *translúcida*, quando o grão ganha tamanho na polpa, perde consistência e a pele se torna mais fina e translúcida, deixando passar os raios solares.

Período de repouso: inicia com a queda das folhas, prévio acúmulo de reservas, e vai até o "choro" (meses de maio a agosto).

Subciclo
REPRODUTIVO

Brotação, floração, formação do grão e amadurecimento da uva.

O momento da colheita da uva

A escolha acertada do momento da colheita da uva é, talvez, uma das decisões mais importantes que o enólogo deve tomar. Essa decisão ocorre em função do tipo de vinho a elaborar e do comportamento do clima.

Um fator fundamental é o estado sanitário da uva, ou seja, as condições nas quais a uva chega à cantina. Todo bom vinho nasce de uvas sadias e frescas.

A colheita não é uma tarefa simples. Exige programação, organização, rapidez e ideias claras.

As uvas devem:

- ser colhidas no momento certo;
- ser transportadas em acondicionamento correto, ou seja, em caixas plásticas de 18-20 kg, para evitar seu esmagamento;
- ser transportadas rapidamente para a cantina;
- ser processadas imediatamente, evitando que fiquem expostas ao sol nos caminhões.

Outro fator fundamental é o grau de maturação. Nos últimos dias de amadurecimento no parreiral, o suco da uva sofre aumento progressivo dos açúcares e diminuição dos ácidos, principalmente o ácido málico, devido à salificação parcial dos ácidos orgânicos e pela combustão intracelular. As uvas tintas sofrem ainda uma concentração dos componentes da cor da casca, fundamental para o futuro vinho tinto.

Em função disso, o enólogo deve decidir considerando:

- **PARA VINHOS BRANCOS**: uvas sadias, que assegurem vinhos de aromas delicados e frutados. Uvas não excessivamente maduras que assegurem a presença no vinho de uma boa carga de acidez, que lhe dará frescor gustativo, juventude. Não excessivamente maduras não significa uvas verdes. O potencial açúcar/álcool deve ser de pelo menos 10,5%.

    Neste particular, as condições climáticas da Serra Gaúcha são favoráveis, já que pelas chuvas de verão as uvas não completam seu amadurecimento. Este é um dos fatores pelos quais os vinhos brancos brasileiros são tão apreciados, por serem jovens, frescos, ligeiros.
- **PARA VINHOS TINTOS**: uvas sadias, que evitem a degradação dos componentes da cor por apodrecimento da casca. Uvas maduras ao máximo, que assegurem bons teores alcoólicos e quantidade suficiente de componentes de cor e estrutura concentrados na casca. Neste particular é importante destacar a maturação fenólica ou dos taninos, fundamental para elaborar vinhos tintos amáveis. Uvas com taninos verdes, próprios de ciclos de maturação incompletos resultam em vinhos duros, adstringentes, herbáceos, desequilibrados. A forma mais eficaz de verificar a maturação dos

taninos é pela degustação das uvas. Ao mastigar a casca é fácil reconhecer a presença de taninos verdes ou maduros.

Neste particular, o clima da Serra nem sempre é favorável. Por essa razão é que o enólogo deve fazer um meticuloso processo de seleção durante a colheita. Destinar para os vinhos tintos de guarda somente as uvas que apresentem as condições próprias para isso. Salvo a fantástica safra de 91, poucas são as que permitem aproveitar a totalidade da produção. Grande parte das uvas tintas são destinadas à elaboração de vinhos tintos para consumo rápido.

FATORES QUE INFLUEM NA QUALIDADE E QUANTIDADE DA UVA

Clima, solo e trabalhos culturais influenciam na quantidade e qualidade da uva.

A parreira, apesar de ser uma planta rústica, tem enorme sensibilidade ao equilíbrio entre produtividade exigida e forças ou reservas para fazê-lo. Por isso não produz boas uvas para vinho quando é maltratada, seja pela carência de nutrientes, pela ineficiência dos tratos culturais ou pelo excesso de produtividade.

CLIMA: Estações bem definidas ajudam o ciclo anual que durante as temperaturas baixas do inverno proporciona o descanso ou repouso, muito necessário para a recuperação da planta. Na primavera, com temperaturas em lenta evolução, a poda e o choro anunciam o início do ciclo vegetativo, com o nascimento dos brotos, floração, fecundação e formação dos pequenos grãos, verdes, semelhantes a ervilhas. Já no verão, o sol, a luminosidade intensa e a amplitude térmica entre noite e dia favorecem a maturação e a formação dos componentes essenciais para a qualidade de tintos e brancos. Quando chove em excesso estes se diluem, na estiagem se concentram. Finalmente, logo após a colheita, a chegada do outono e o descenso das temperaturas convidam a videira novamente a seu merecido descanso, quando recuperará forças, e o ciclo começará novamente.

O CLIMA COMO FATOR DE QUANTIDADE: O clima desfavorável, como ventos e chuvas fortes e geadas durante a brotação, floração e fecundação, faz com que se perca parte da produção, assim como chuva de pedra durante a fase anterior à maturação.

O CLIMA COMO FATOR DE QUALIDADE: Dias longos, secos e boa amplitude térmica (diferença entre a temperatura máxima e mínima durante vinte e quatro horas) são fatores climáticos que favorecem a maturação e formação dos componentes da cor e de açúcares, proporcionando uvas para elaborar vinhos mais alcoólicos e intensos de cor.

As chuvas, quando intensas e intercaladas com dias de sol, na fase de maturação prejudicam a qualidade, em especial dos vinhos tintos, pelo efeito diluente e por favorecer a podridão.

SOLOS: Conforme o clima, o solo pode ajudar ou prejudicar. Solos compactos, argilosos, com pouca drenagem, não são bons para climas chuvosos em regiões pouco acidentadas geograficamente, porque a água permanece sobre a superfície, prejudicando a planta. Solos muito ricos favorecem a produtividade e, conforme a variedade, prejudicam a qualidade. Solos muito permeáveis geralmente são mais pobres. O importante, além da textura do solo, é entender que a videira é uma planta extremamente versátil e nobre. Cresce em qualquer solo. Porém, quando se trata de uvas destinadas a vinhos de qualidade, o equilíbrio entre vigor e quantidade é fundamental. A uva prefere solos pobres aos ricos, algumas tintas como Merlot se dão melhor em solos argilosos, outras, como Cabernet Sauvignon, nos pedregosos.

TRABALHOS CULTURAIS: São fatores importantíssimos e que podem amenizar ou eliminar eventuais prejuízos proporcionados pelo clima e/ou solo. A poda é determinante da quantidade a produzir e a que equilibra a capacidade da planta com a exigência requerida.

A poda verde, o desfolhe e o raleio permitem ajustar a produção ao objetivo de melhores resultados; a adubação ajusta a necessidade básica de nutrientes da planta com a oferta do solo.

Nesta variável aparece a boa capacidade do agrônomo, que, conhecendo a planta e seu potencial, cuida dela de tal forma que ela responde com o que tem de melhor.

Na Serra Gaúcha, na década de 70, quando foram introduzidas as primeiras variedades viníferas com potencial para elaboração de bons vinhos, como as já consagradas Riesling Itálico, Semillón, Cabernet Franc e Merlot, não foram observadas as novas exigências dessas variedades na relação produção-qualidade.

A tradição vitícola da região, voltada para variedades muito produtivas e resistentes às doenças, como as comuns americanas e algumas viníferas, como

Trebbiano e Barbera, facilitou alguns erros verificados anos após e corrigidos a tempo, mas com perda de anos preciosos.

Um fato curioso prejudicou a produção das uvas viníferas por alguns anos. A região da Serra é uma das maiores produtoras de carne de frango do país. Isso provocou um fácil e pouco custoso acesso à "cama de aviário", estercol nitrogenado que, colocado em abundância nos parreirais, prejudicou a qualidade das uvas, pela alta produtividade.

Hoje todas as cantinas controlam rigorosamente o uso de adubos por parte de seus produtores.

A escolha do porta-enxerto

A necessidade de cultivar variedades da espécie *Vitis vinifera* enxertadas surgiu como resultado de uma doença verificada na Europa no início do século que quase acabou com a vitivinicultura mundial.

Verificou-se que um inseto chamado *filoxera* atacava o sistema radicular dessas uvas, ocasionando sua morte em pouco tempo. A *filoxera*, curiosamente, não atacava a parte aérea dessas variedades. Nada parecia solucionar o problema, já que quando apareciam os sintomas era tarde demais: a planta não tinha mais raízes.

Os pesquisadores verificaram que a *filoxera* tinha um comportamento diferente com as uvas da espécie americana, nas quais atacava a parte aérea,

A *FILOXERA* NA VITIVINICULTURA

UVA AMERICANA   UVA VINÍFERA   UVA ENXERTADA

observável e fácil de combater, e não o sistema radicular. Daí surgiu a ideia de aproveitar o sistema radicular das uvas americanas e sobre elas enxertar as uvas viníferas. Longas discussões se sucederam a respeito da influência disso sobre a produção das viníferas. Comprovou-se que em nada prejudicava, mantendo-se as características inalteradas.

O Brasil inicialmente importou porta-enxertos da Europa livres de qualquer doença. A Europa remeteu os tipos adaptados àquela região, e muitos deles não se adaptaram ao clima úmido do Rio Grande do Sul. Ao longo dos anos, os agrônomos definiram os mais adequados e eficientes.

O sistema de condução

O sistema de condução é a forma como se conduz a parte aérea da parreira.

Existem basicamente dois sistemas no Brasil: a latada e a espaldeira.

A latada, conforme a figura da página seguinte, é o sistema tradicional adequado para variedades produtivas e que conduz a parreira em arames verticais e horizontais, formando um tipo de "telhado", que impede a entrada do sol e "abafa" a umidade. Este sistema hoje é pouco utilizado para os novos parreirais de uvas finas, apesar de representar mais de 80% da área.

A espaldeira é o sistema no qual a uva é fixada sobre arames colocados verticalmente, que permitem sua boa exposição ao sol e o arejamento, que evita acúmulos de umidades prejudiciais à sanidade das uvas. No Brasil, devido ao clima mais chuvoso, é utilizado o sistema espaldeira "alta", que tem o primeiro arame a aproximadamente 80-90 cm do chão, para evitar a umidade. Permite menor produtividade, maior insolação e mais fácil mecanização. A área plantada com este sistema aumenta lentamente devido à resistência dos agricultores, mas é o sistema utilizado nos vinhedos modernos da Serra e na Metade Sul do Estado do Rio Grande do Sul.

Para finalizar o tema matéria-prima, descreveremos a seguir algumas variedades de uva, suas principais características e seu destino.

O Ministério da Agricultura classifica as uvas conforme segue:

- UVAS COMUNS: tintas e brancas
- UVAS VINÍFERAS:
    - ESPECIAIS, tintas e brancas
    - NOBRES, tintas e brancas

Latada.

Espaldeira.

Uvas comuns

Como já explicamos, estas uvas são americanas ou seus híbridos reprodutores diretos. Mundialmente não são muito apreciadas para vinho e em alguns países, como a Argentina, é proibido seu cultivo, porque todas as uvas viníferas desse país são plantadas em pé-franco e por isso os parreirais são sujeitos ao ataque da *filoxera*.

No Brasil, que produz anualmente algo mais de 500 milhões de quilos, ao redor de 75% de sua produção é de uvas da espécie americana, com as quais se produz vinho comum para ser comercializado principalmente em garrafão, e suco de uva muito apreciado internacionalmente, por sua intensa cor, aroma e gosto de uva.

Principais uvas comuns

ISABEL: uva tinta mais produzida no Brasil, famosa por seu gosto e aroma característico, chamado *foxê*. É muito produtiva e resulta num vinho tinto de cor intensa. Parte desta uva é utilizada para fazer suco de uva concentrado, exportado na sua quase totalidade.

CONCORD: uva tinta reconhecida como a melhor para fazer suco de uva. O Brasil aumenta sua produção a cada ano, incentivado pelas exportações.

SEIBEL: uva tintórea, ou seja, com suco tinto, muito utilizada para reforçar a cor vermelha dos sucos para exportação.

HERBEMONT: uva tinta de baixa cor, utilizada para elaborar vinho rosado comum, geralmente destinado ao vermute (que por lei deve ser elaborado com, no mínimo, 70% de vinho).

SEYVE WILLARD: um híbrido branco que, quando bem vinificado, produz excelente vinho comum. Tem o inconveniente de ter pouca longevidade.

Uvas viníferas

As uvas viníferas são classificadas em duas categorias, que separam de certa forma as primeiras uvas introduzidas no Brasil, vindas principalmente da Itália, trazidas pelos imigrantes, e as chegadas a partir de 70, na grande maioria originárias da França, trazidas pelas vinícolas.

Uvas viníferas especiais

Pertencem ao primeiro grupo, não resultam em vinhos varietais e sua produção caiu muito nos últimos anos. São quase todas de origem italiana, introduzidas em meados do século XX e depois difundidas entre os próprios agricultores ou suas cooperativas.

Principais viníferas especiais

BARBERA: esta variedade tinta, originária da Itália, foi a base dos vinhos tintos finos brasileiros até 70, quando começou a ser substituída por Cabernet Franc e Merlot. Na Serra Gaúcha, produz vinhos ácidos, que precisam pelo menos de dois anos para amadurecer. Hoje a produção é quase inexistente.

BONARDA: esta variedade tinta, originária também da Itália, foi muito difundida nos anos 60. Produz um bom vinho tinto, mais robusto e encorpado que a Barbera. A produção de Bonarda está desaparecendo.

TREBBIANO: uva branca conhecida também como Saint Emillion e Ugni Blanc. É muito cultivada até hoje, pela resistência e alta produtividade. Quando vinificada com tecnologia, resulta num vinho muito agradável, de aromas frutados, algo herbáceos, e gosto com a presença quase constante de um fundo amargo, característico da variedade.

MOSCATO: esta variedade engloba também o Moscatel Rosado e o de Alexandria, que são muito boas como uvas de mesa. O Moscato Branco é uma variedade de grão e cachos grandes. Esta variedade não encontrou na Serra Gaúcha seu melhor hábitat, pela falta de sol e luminosidade; porém, como este vinho é a base dos vinhos brancos tipo alemão, é uma variedade muito disputada. Por chegar às cantinas pouco madura e com um número expressivo de grãos podres, exige do enólogo um árduo trabalho de seleção para obter vinhos aromáticos de boa qualidade. Esta uva pertence à classe das aromáticas, por transmitir ao vinho seu aroma (primário).

Os vinhos Moscato possuem "aromas doces", de uva, e geralmente são mais apreciados quando são *demi-sec* ou levemente adocicados. O Moscato é a matéria-prima do Moscatel Espumante, produto que ganha adeptos a cada ano.

MALVASIA: uva branca da família da Moscato, muito aromática, algo menos produtiva e difundida em menor escala.

Uvas viníferas nobres

Convencionou-se chamar assim todas as variedades viníferas que apresentassem grande potencial vínico.

Em fins da década de 60, quando o vinho nacional começa a ganhar nome junto aos principais centros consumidores do país e aumenta seus volumes comercializados, introduzem-se as primeiras variedades nobres, que tiveram grande difusão até 80, quando surge mais fortemente no mercado o vinho varietal, ou que declara no rótulo a variedade com a qual é produzido.

Principais viníferas nobres

RIESLING ITÁLICO: com esta variedade branca, originária do norte da Itália, foi elaborado o primeiro vinho varietal. Foi a variedade de uva branca mais importante do Brasil até fins de oitenta, quando começou a produção de Chardonnay.

O vinho Riesling foi um pouco a marca registrada do vinho nacional, jovem, fresco, alegre, com excelente intensidade de aromas florais.

SEMILLÓN: variedade originária da região de Bordeaux, na França, esta uva branca teve problemas de ajuste de produtividade no início, devido aos altos índices de podridão. Foi tão importante como a Riesling Itálico, mas atualmente tem pouca importância.

Esta variedade é a base da elaboração do famoso Sauternes francês.

CABERNET FRANC: a história desta variedade é semelhante à do Riesling, ou seja, foi o primeiro varietal tinto conhecido pelo consumidor. O Brasil era um dos poucos países no mundo que cultivava e comercializava de forma expressiva esta variedade, que até na França é pouco valorizada. Nos anos setenta e oitenta o vinho varietal era identificado simplesmente como Cabernet. O rápido crescimento da área de plantação na época ocorreu desordenadamente, aumentando a incidência de viroses, pela falta de controle sanitário do material de propagação.

Produz em condições normais um vinho tinto refinado, relativamente ligeiro e elegante. Em safras com poucas chuvas, resulta num vinho elegante, amável, com estrutura e muita personalidade.

MERLOT: esta variedade tinta introduzida no Brasil depois da Cabernet Franc se adaptou muito bem aos solos argilosos da Serra Gaúcha, onde produz tanto vinhos jovens como de mediana guarda de excelente qualidade. Em safras menos chuvosas, resulta num vinho encorpado, robusto, de buquê intenso e gosto aveludado e harmônico. Na América do Sul, o Brasil é o país que melhor tem desenvolvido e trabalhado o Merlot, que parece transformar-se na uva emblemática do país, a exemplo da Malbec na Argentina e da Tannat no Uruguai.

Com esta variedade é elaborado o maravilhoso vinho Château-Pétrus, do Pomerol, na França, um dos mais valorizados vinhos tintos do mundo.

PINOT NOIR: uva tinta originária da Borgonha francesa e que pertence ao grupo de variedades introduzidas no Brasil no início da década de 80. De baixa produção e sensível aos excessos de umidade, tem se adaptado somente em algumas regiões da Serra. É uma variedade precoce, que amadurece no início do mês de janeiro, e com potencialidade para produzir excelentes brancos (*blanc de noirs*), espumantes e tintos para consumo rápido. O volume produzido é relativamente baixo e dificilmente será variedade a se expandir. Só terá sucesso se conduzida em espaldeira.

GEWURZTRAMINER: esta variedade branca da "nova geração" do Brasil, que tem como origem a região da Alsácia, no norte da França, não tem se adaptado bem ao clima da Serra; sua produção cai a cada ano. É muito precoce e sensível à podridão, e o vinho produzido pouco tem a ver com o original, elaborado na região mencionada. O prefixo *Gewurz* significa especiaria e é atribuído ao Meio Evo, porque o aroma deste vinho lembrava algumas bebidas feitas com drogas aromáticas.

CABERNET SAUVIGNON: esta uva tinta, originária da região de Médoc, em Bordeaux, na França, se adaptou muito bem no Brasil, apesar de que no início de 80 foram importadas mudas (plantas já enxertadas) sobre porta-enxertos pouco apropriados. Resistente à podridão e de produtividade média, foi bem aceita pelos produtores de uva da Serra e festejada pelas vinícolas. Produz no Brasil os vinhos de maior longevidade, robustez e estrutura. A safra de 91 foi excepcional e demonstrou definitivamente que com uvas de potencial, cultivadas corretamente, é possível produzir no Brasil vinhos tintos de guarda de qualidade superior.

O Cabernet Sauvignon é a principal variedade dos afamados vinhos do Médoc, como o Château-Margaux.

CHARDONNAY: uva branca base dos famosos vinhos da região de Chablis, na Borgonha, e dos vinhos-base da região de Champagne, na França, introduzida na Serra também no início de 80, constituindo as uvas da "nova geração", e muito bem adaptada. Uva precoce que amadurece em meados de janeiro, de relativa produtividade, é responsável pelo melhor vinho branco produzido no Brasil, com aromas frutados lembrando maçã-verde e abacaxi (características de muito varietais), ligeiro de boca (como todos os brancos brasileiros), harmônico e agradável.

É presença obrigatória nos vinhos-base dos espumantes nacionais elaborados pelo método *charmat* e muito especialmente nos elaborados pelo método tradicional ou *champenoise*.

SAUVIGNON BLANC: variedade de uva branca de origem francesa, forma parte menor dos Sauternes e é destaque em Margaux, com a qual o Château-Margaux elabora seu Pavillon Blanc. É bastante produtiva e sensível à podridão, razão pela qual encontra alguma dificuldade de expansão. Produz no Brasil um vinho branco muito característico, de aroma acentuado, herbáceo e de sabor marcante, com fundo algo amargo. Amadurece muito bem na garrafa, onde desenvolve seu aroma e se *arredonda* organolepticamente, ganhando personalidade única. Comercialmente ainda não ganhou seu lugar, principalmente por desconhecimento por parte do consumidor.

A TECNOLOGIA

A tecnologia enológica, contrariamente ao que muita gente pensa, não desempenha o papel de transformar o fenômeno natural da elaboração de vinhos num processo industrial, mecânico, automatizado, distanciando o enólogo da uva e de seus derivados. A tecnologia tem exatamente o efeito contrário: libera o técnico de tarefas quase de rotina e permite que ele dedique seu tempo de forma integral ao controle das uvas e do processo.

Além disso, incorpora ao processo um ingrediente novo, difícil de obter sem a tecnologia, que é a precisão das operações.

Daremos um exemplo para maior entendimento desse conceito: a qualidade, fineza e intensidade aromática dos vinhos brancos dependem da temperatura baixa (15-18 graus) e constante da fermentação. As cantinas sem tecnologia *esfriam* o vinho através da circulação externa de água ou em equipamentos "trocadores de calor", onde o vinho deve passar para ser esfriado com amônia. Essas operações, importantíssimas apesar de simples, exigem do enólogo muita atenção. Quando a tecnologia permite que a temperatura de fermentação seja controlada automaticamente, pela circulação de solução refrigerante em cintas externas, e esse controle é feito eletronicamente e transmitido a um sistema informatizado, a operação de "esfriamento do suco em fermentação" deixa de ser uma dor de cabeça para o enólogo e se transforma numa operação de rotina, precisa e eficiente. Nesse momento, o enólogo dedica seu tempo ao exame da uva e ao controle organoléptico dos produtos em elaboração, que são suas tarefas mais importantes.

Este exemplo é aplicado à prensagem das uvas, à decantação dos sucos, à extração da cor das uvas tintas e a outras inúmeras operações que se sucedem diariamente durante a elaboração dos vinhos.

A tecnologia é um fator importante no desenvolvimento da indústria vitivinícola brasileira. O salto qualitativo dos vinhos brancos da década de 70 e a melhora constante dos vinhos tintos são resultado do esforço financeiro que a indústria nacional fez para dotar suas cantinas das mais modernas instalações de vinificação, estocagem, envelhecimento e engarrafamento de vinhos. Reservatórios de aço inoxidável para fermentação e estocagem de vinhos brancos, prensas pneumáticas importadas que extraem o suco das uvas brancas à baixa pressão, máquinas automáticas para engarrafamento de vinhos e espumantes e, ultimamente, a importação de barricas de carvalho para o amadurecimento dos vinhos tintos de guarda têm sido alguns exemplos desses esforços.

Como a qualidade de um vinho é resultado do binômio uva-tecnologia, o Brasil modernizou suas cantinas de 1970 a 1980 e a partir daí direcionou seus esforços para a matéria-prima, com novas variedades, novos tratos culturais, enfim nova mentalidade produtiva, mais dirigida à qualidade que à quantidade.

É importante mencionar aqui algumas técnicas de elaboração praticadas em especial no Novo Mundo, que alteram o fundamento da definição de vinho que destacávamos no início do capítulo. São práticas como o uso da osmose inversa ou evaporação à baixa temperatura, com o propósito de retirar água do suco e concentrar componentes. Apesar da eficiência obtida, fere o princípio da elaboração ao alterar a composição natural do suco. O modo mais correto de concentrar componentes é obter o máximo de maturação possível nas uvas e deixar a natureza se manifestar.

SISTEMAS DE ELABORAÇÃO DE VINHOS

Já definimos que vinho é o produto resultante da fermentação dos açúcares do suco ou mosto da uva sã, fresca e madura. Explicamos ainda que a fermentação alcoólica é realizada pelas leveduras e que, em sua atividade, elas produzem álcool, anidrido carbônico e temperatura, além, naturalmente, de outros componentes.

Veremos a seguir como e por que acontece essa formação.

ÁLCOOL

Para produzir 1 grau de álcool etílico, a levedura precisa de aproximadamente 17 gramas de açúcar por litro de suco de uva. Portanto, para produzir 11 graus de álcool, que é a graduação alcoólica média dos vinhos no Brasil, serão necessários aproximadamente 187 gramas de açúcar de mosto.

Como as uvas no Brasil, em função do clima, dificilmente possuem esses teores de açúcares, é permitido o acréscimo de açúcar de cana refinado para completar a quantidade. Essa operação é conhecida pelo nome técnico de "chaptalização", também realizada em outros países, como França e Alemanha. Essa prática é permitida somente em países nos quais o clima assim o exija. É importante destacar que esse pequeno acréscimo de açúcar em nada altera ou prejudica a qualidade do produto final, servindo somente como complemento da graduação alcoólica. Na realidade, não é a chaptalização que é prejudicial, e sim o clima, que, quando excessivamente chuvoso, dilui componentes e dificulta a elaboração de vinhos, em especial tintos, robustos, encorpados, dignos de serem guardados. Graças à limitação da produção e ao surgimento de novas regiões, muitos vinhos são elaborados sem a adição de açúcares. Infelizmente, a legislação brasileira ainda não oferece ferramentas para identificar uns dos outros.

ANIDRIDO CARBÔNICO

Para produzir 1 litro de gás carbônico num litro de um líquido fermentando (ou uma atmosfera de pressão), são necessários aproximadamente 4 gramas de açúcar. Como no caso acima fermentam 187 gramas por litro, o volume produzido é de aproximadamente 46 litros por litro de mosto em fermentação. Este volume imenso de gás formado é expulso através da fuga pela porta superior do reservatório de fermentação.

Na elaboração de espumantes naturais, a espuma é formada pela presença do gás carbônico dissolvido no vinho e que se desprende lentamente ao servi-lo. Este gás se forma na segunda fermentação, provocada em recipientes fechados (processo *charmat*) ou na própria garrafa (processo *tradicional* ou *champenoise*) sobre um vinho do ano anterior, chamado vinho-base. Como o espumante tem uma pressão final de aproximadamente 6 atmosferas, a quantidade de açúcares fermentados é de 24 gramas por litro (4 x 6= 24).

> **TEMPERATURA**
>
> A fermentação é um processo "exotérmico", ou seja, gera calor. Os 17 gramas por litro fermentados geram mais ou menos 1,5 grau de calor. Ou seja, a cada grau de álcool formado, o suco aumenta sua temperatura em 1,5 grau. Como são formados 11 graus de álcool, a temperatura se elevará 11 x 1,5 = 16,5 graus, que, acrescidos à temperatura natural do suco, que é de aproximadamente 20 graus, chegará a 16,5 + 20 = 36,5 graus de temperatura. Nessa temperatura a levedura paralisa sua atividade, sendo por isso necessário refrigerar os sucos durante a fermentação.

ELABORAÇÃO DE VINHOS EM BRANCO

A elaboração de vinhos em branco é aquela na qual o processo fermentativo é realizado na ausência das cascas. Através desse método é possível elaborar vinhos brancos com uvas brancas (*blanc de blancs*/branco de brancas) e com uvas tintas (*blanc de noirs*/branco de tintas). Por que é possível elaborar um vinho branco com uvas tintas? Porque em todas elas o suco é cristalino, não tem cor. Somente as uvas tintas conhecidas como tintóreas têm o suco tinto. Na foto a seguir mostramos a cor das uvas brancas e tintas.

Os vinhos brancos mais apreciados pelos consumidores são os que apresentam características de frescor e juventude. Esses vinhos são companhias perfeitas para aperitivos, entradas e pratos à base de frutos do mar, peixes e carnes brancas.

O Brasil é um país privilegiado em relação ao futuro dos vinhos brancos, já que possui excelentes condições de produzi-los ao sul e de consumi-los em todo seu maravilhoso litoral de clima tropical e praias paradisíacas.

Se tivéssemos que descrever o tipo de vinho branco que se elabora no Brasil, poderíamos fazê-lo citando apenas uma palavra: JOVEM.

Toda pessoa que conhece vinhos entenderia que a palavra *jovem* corresponde às características organolépticas que prevalecem nos vinhos brancos do Brasil, que são:

> **COR:** branco/dourado pálido, com reflexos esverdeados, límpido e brilhante.
>
> **AROMA:** nitidamente fresco e frutado; conforme a variedade, pode lembrar maçã, pêssego, abacaxi ou maracujá, com boa persistência e intensidade, delicado e agradável.
>
> **SABOR:** ligeiro, seco, frutado e fresco, com acidez marcante mas equilibrada.

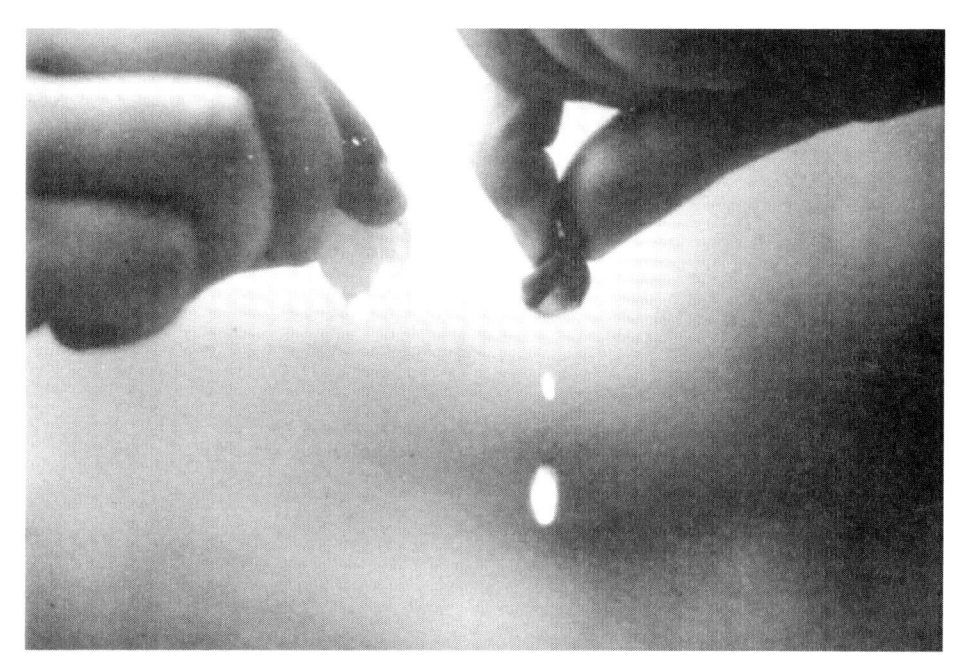

O suco da uva em geral é cristalino, não tendo cor.

Como já dissemos, o vinho é resultante da matéria-prima e da tecnologia. As uvas brancas do Brasil, em especial as da Serra Gaúcha, onde o clima impede a total maturação, quando elaboradas com tecnologia apropriada e correta, proporcionam vinhos ligeiros e alegres, fáceis de consumir.

Para obter um vinho branco nesse estilo, porém, é necessário que o enólogo conheça claramente as consequências positivas e/ou negativas de algumas variáveis que fazem parte do processo.

Para obter vinhos de cores pálidas

1. Utilizar uvas não sobremaduras, em perfeito estado sanitário, sem presença de grãos podres.
2. Utilizar leveduras selecionadas, de cepas adequadas.
3. Extrair os sucos utilizando baixas pressões.

A razão que justifica esses cuidados é que a cor amarela intensa de alguns vinhos brancos jovens provém de substâncias presentes nas cascas das uvas muito maduras ou podres. Com o uso de baixas pressões na extração do suco se impede a extração do situado junto às cascas, mais carregado dessas substâncias indesejadas.

Para obter aromas intensos, delicados e persistentes

1. Limpar o suco antes de iniciar a fermentação.
2. Fermentar o suco a temperaturas baixas (15 a 18 graus) e constantes.

A razão dessa técnica é que as uvas, ao serem prensadas na presença das cascas, soltam o suco, que arrasta as impurezas depositadas nelas, como resíduos de defensivos agrícolas, terra, pó, etc. A presença dessas impurezas durante a fermentação, quando também se formam os aromas, seria prejudicial para a fineza e delicadeza dos vinhos.

A fermentação à baixa temperatura proporciona a intensidade aromática desejada, já que serve como *freio* da velocidade da fermentação. Quando a fermentação é muito veloz, o alto volume de gás carbônico formado naturalmente foge pela porta superior do reservatório, arrastando uma boa quantidade de aromas, que deixam de ser dissolvidos no vinho, que perde intensidade.

Para obter sabores ligeiros e equilibrados

1. Utilizar uvas não sobremaduras, sadias e em perfeito estado sanitário.
2. Fazer uso da fermentação malolática quando for necessário, parcial ou totalmente. A fermentação malolática é um processo microbacteriano por meio do qual as bactérias assimilam o ácido málico e produzem ácido láctico. É um processo que acontece naturalmente desde que haja condições adequadas, como pH superior a 3,2, baixos teores de anidrido sulfuroso e se atrase a filtração fina. Com a substituição do málico, ácido orgânico com duas funções ácidas, pelo láctico com uma função ácida, o vinho perde agressividade, fica mais amável e aveludado. A decisão deve ser criteriosa, porque também provoca no vinho um bom grau de maturação, perdendo algo do frescor original.

Para preservar o frescor e a juventude dos vinhos brancos, é recomendável conservá-los em recipientes de material neutro, como o aço inoxidável ou o ferro esmaltado. A madeira não é indicada, porque os amadurece precocemente e lhes retira o caráter jovem.

Distribuição do suco no grão de uva

A figura mostra as diferenças de composição do suco da uva conforme sua localização em relação à casca ou às sementes.

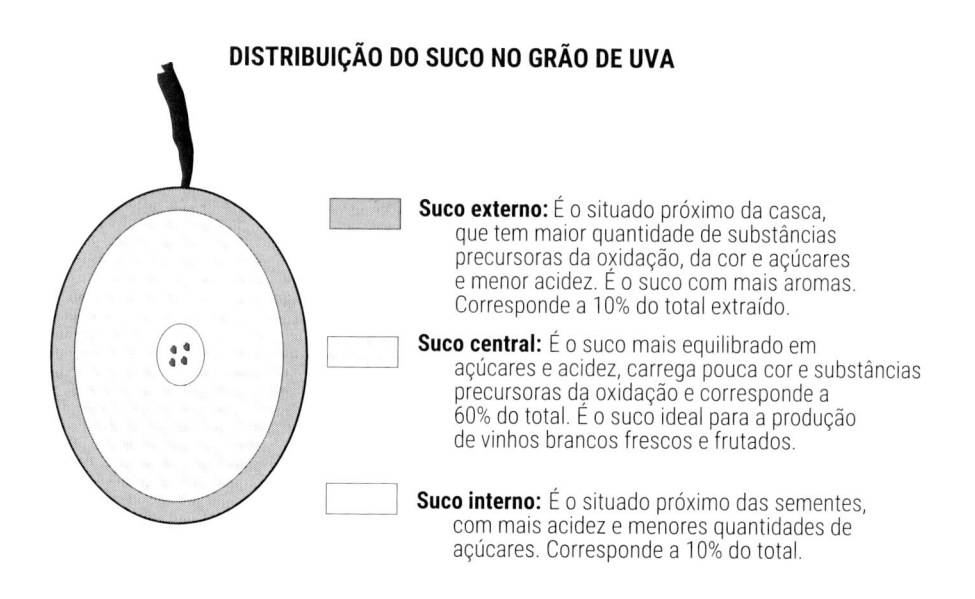

DISTRIBUIÇÃO DO SUCO NO GRÃO DE UVA

Suco externo: É o situado próximo da casca, que tem maior quantidade de substâncias precursoras da oxidação, da cor e açúcares e menor acidez. É o suco com mais aromas. Corresponde a 10% do total extraído.

Suco central: É o suco mais equilibrado em açúcares e acidez, carrega pouca cor e substâncias precursoras da oxidação e corresponde a 60% do total. É o suco ideal para a produção de vinhos brancos frescos e frutados.

Suco interno: É o situado próximo das sementes, com mais acidez e menores quantidades de açúcares. Corresponde a 10% do total.

Observamos que o suco localizado na parte externa, próximo à pele, é menos ácido e possui muitos açúcares, devido à sua maior exposição ao sol. Por estar próximo à casca, retém componentes da cor não muito desejáveis para os vinhos brancos jovens.

O suco localizado na parte interna, longe dos raios solares, é mais ácido, tem pouco açúcar e é mais tânico, por sua proximidade das sementes.

O suco central é o mais equilibrado, possuindo muito açúcar e acidez média.

É fácil concluir que o suco ideal é o central, mas como separá-lo dos outros, não tão apropriados?

Muito fácil. Este suco central é o primeiro a ser extraído e por isso se chama suco-gota, ou suco-flor, porque sai sob baixas pressões.

Prensagem ou extração do suco das uvas brancas

Industrialmente, para extrair o suco central, basta utilizar equipamentos nos quais se possa controlar a pressão aplicada sobre as uvas.

Esses equipamentos, fabricados no exterior, são prensas nas quais a pressão inicial, para extração do suco-flor, não ultrapassa 500 gramas por centímetro quadrado.

As mais utilizadas no Brasil pela sua eficiência são as prensas pneumáticas descontínuas. Nelas se carrega um determinado volume de uvas inteiras, que são prensadas em níveis crescentes de pressão. Inicialmente se retira o suco-flor, e posteriormente o próximo das cascas e das sementes. São descontínuas, porque o ciclo compreende o carregamento com um volume determinado de uvas inteiras de uma mesma variedade, a prensagem e o descarregamento dos resíduos (cascas, engaço ou cabinho e sementes). Lava-se rapidamente, e começa um novo ciclo.

Essas prensas têm forma cilíndrica, são rotativas e no interior possuem uma membrana que é inflada com um ventilador inicialmente, para assegurar baixas pressões, e posteriormente com ar comprimido, até o esgotamento total da uva.

O rendimento total da uva em suco é de 80% sobre o peso, ou seja, a cada quilo de uva podem-se extrair no máximo 800 ml de suco ou algo a mais de uma garrafa de vinho (que tem 750 ml). Desse total aproximadamente 60% corresponde ao suco-flor, que é utilizado para elaborar vinhos brancos de qualidade. Os demais 20%, que se destinam a outras finalidades, como base para vermute ou destilação, são formados por 10% de suco próximo da casca e 10% de suco próximo da semente.

Limpeza do suco antes da fermentação

O suco-flor extraído das uvas escorre naturalmente para reservatórios de aço inoxidável. Quando as uvas são prensadas, o próprio suco que escorre lava as cascas e arrasta todas as impurezas que ficam em suspensão. Essas impurezas em nada favorecem a fineza e a intensidade dos aromas que irão se formar durante a fermentação; por isso devem ser separadas.

Como as impurezas são pesadas, basta deixar o suco em repouso durante 6-8 horas, para que elas sedimentem e se dirijam ao fundo do reservatório.

Quando isso acontece, o suco limpo é separado com cuidado por cima do suco *sujo*, que é enviado a equipamentos centrífugos, que retiram definitivamente as impurezas, agora secas.

SISTEMA DE ELABORAÇÃO EM BRANCO

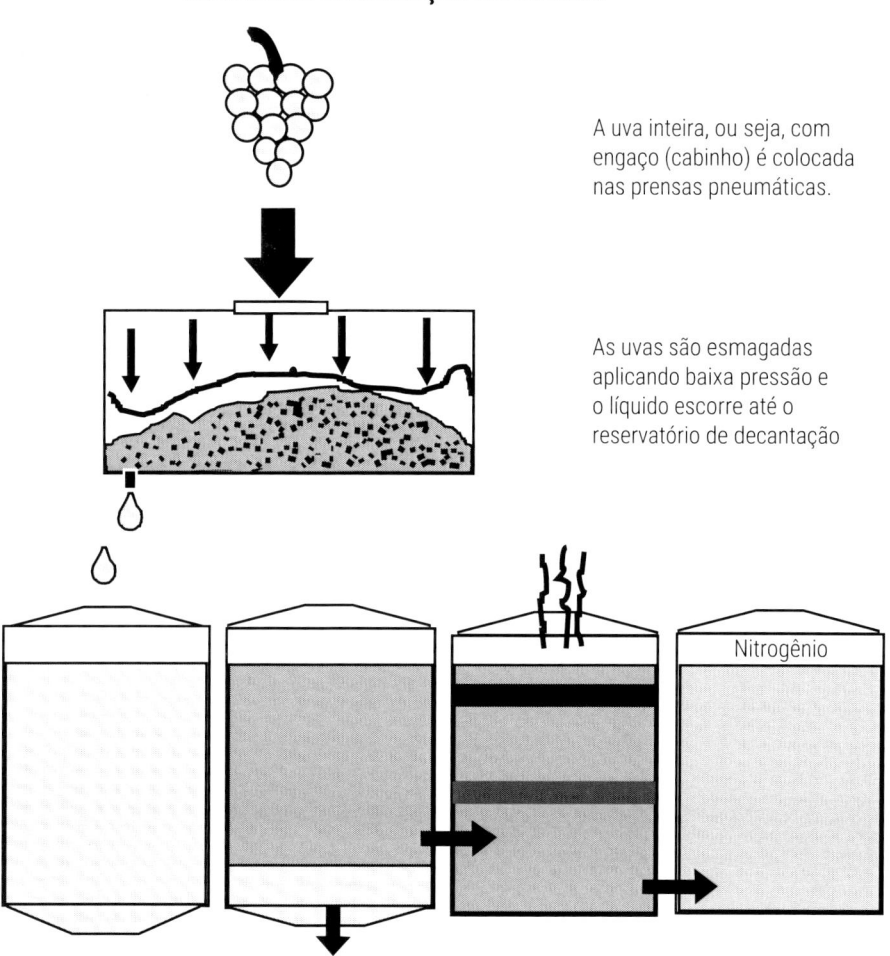

A uva inteira, ou seja, com engaço (cabinho) é colocada nas prensas pneumáticas.

As uvas são esmagadas aplicando baixa pressão e o líquido escorre até o reservatório de decantação

Nitrogênio

O suco, carregando as impurezas naturais, como terra, restos de defensivos, etc., se dirige aos reservatórios especiais, para decantação.

As impurezas são decantadas, separadas, e o suco limpo é colocado nos reservatórios especiais de fermentação, com controle de temperatura automático.

O suco limpo inicia a fermentação à temperatura controlada entre 15 e 18 graus. Nesta fase, o anidrido carbônico é eliminado pela porta superior do reservatório. Esta fase dura de 15 a 25 dias.

O vinho, após sua filtração, é guardado nos mesmos reservatórios e esfriado somente se a temperatura da cantina sobe.

VINHO SEM FRESCURAS

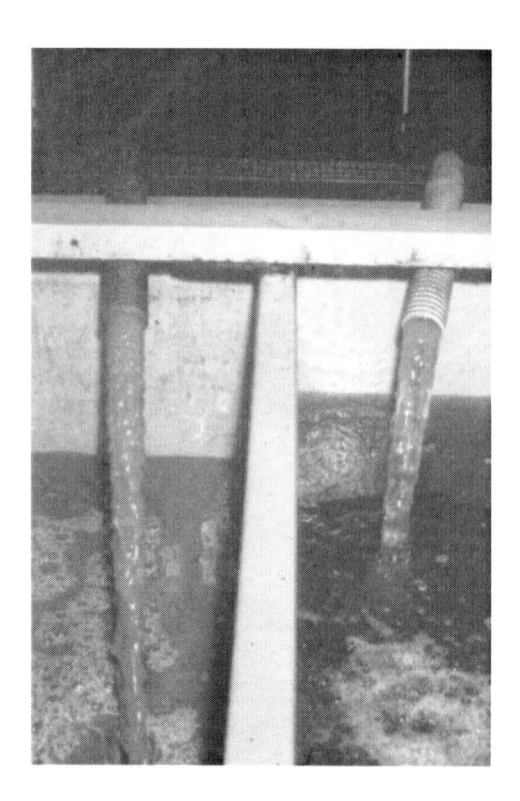

Limpeza do suco-flor antes da fermentação.

Fermentação com controle automático da temperatura

O suco-flor, limpo, se dirige agora ao reservatório de fermentação, também de aço inoxidável.

O controle da fermentação é fundamental para o futuro vinho. É importante lembrar que a fermentação é um processo microbiológico realizado num líquido rico em açúcares e substâncias nitrogenadas, e por isso um meio de cultivo favorável à proliferação tanto de fungos benéficos (leveduras) como de bactérias prejudiciais. Descuidos como falta de higiene e altas temperaturas podem ser determinantes da qualidade do vinho a elaborar.

Como já vimos no início do capítulo, os agentes da fermentação são as leveduras, que produzem principalmente álcool, anidrido carbônico e temperatura, nas quantidades já explicadas.

As temperaturas nas quais as leveduras realizam sua atividade convenientemente são as situadas entre 10º e 30º. Temperaturas inferiores ou superiores

Reservatórios com cintas de refrigeração.

às citadas retardam a atividade e a paralisam. Dentro da faixa citada, a velocidade da atividade fermentativa diminui a temperaturas menores e aumenta mais nas altas. Como na elaboração de vinhos brancos é importante a máxima dissolução possível dos aromas que se formam, é importante evitar a fermentação tumultuosa, rápida, descontrolada.

A formação dos aromas secundários, que são frescos, frutados e muito agradáveis, porém voláteis, é realizada nessa fase. O anidrido carbônico, que se forma naturalmente e em grande volume, se desprende e escapa pela porta superior, arrastando parte desses aromas.

A temperatura ideal para criar as melhores condições que evitem perda de intensidade aromática é a situada entre 15 e 18 graus C e a forma moderna de controlá-la é pela circulação de um líquido refrigerante (glicol a + 5 graus) por cintas dispostas sobre a parede externa do reservatório. Dispositivos especiais fazem a leitura da temperatura interna do suco em fermentação, e quando a temperatura é superior aos 18 graus, acionam a circulação. Quando a temperatura chega aos 15 graus, fecham a circulação do líquido refrigerante.

Essas instalações, que liberam o enólogo para cuidar de outras coisas mais importantes do processo, representam a "tecnologia de elaboração", e o Brasil é um dos países melhor equipados na atualidade, à frente de todos os seus vizinhos do Cone Sul.

Dispor de reservatórios com cintas de refrigeração tem uma vantagem adicional, que é a de manter os vinhos à baixa temperatura durante a conservação, desde a elaboração até sua comercialização.

Utilização de leveduras selecionadas

A levedura é um fungo unicelular presente na natureza, no ambiente. Ela é capaz de fermentar os açúcares do suco, mas quando originária desse meio, conhecida como levedura selvagem, não sempre produz os componentes aromáticos e gustativos de melhor qualidade. Por essa razão, na enologia moderna se faz uso de leveduras selecionadas, que são obtidas em laboratórios credenciados, isoladas em meios fermentativos especiais. São cepas puras que realizam um trabalho magnífico de extração de aromas e gostos dos sucos em fermentação. Essas leveduras são oferecidas ao mercado na forma liofilizada ou seca, com garantia de pureza e atividade.

Painéis de controle eletrônico da temperatura.

Quando é realizada a limpeza do suco previamente à fermentação, para eliminar impurezas, também se eliminam as leveduras *selvagens* que se encontram no ambiente.

Existe uma enorme variedade de leveduras em oferta, porém o enólogo deve escolher, após testes realizados durante anos na cantina, qual será a cepa, de que origem e de que laboratório especializado deverá adquiri-las, no intuito de aportar a seus vinhos personalidade própria.

Utilização de leveduras nativas, selvagens ou indígenas

Nos últimos anos tem ganhado destaque o surgimento de vinhos chamados *naturais*, termo com o qual não concordo, já que supõe que os vinhos que usam leveduras selecionadas não são naturais (seriam artificias?). Esses vinhos são feitos com o mínimo de intervenção possível, usando leveduras do ambiente e sem uso de conservantes, como o anidrido sulfuroso (SO_2). Elaborar vinhos com o mínimo de intervenção é uma tendência mundial da enologia, que pretende colocar um freio nos excessos que surgiram nos anos noventa. Isso de *chips* (maravalha de carvalho) para aromatizar, complementado com o uso de equipamentos que possibilitam a micro-oxigenação dos vinhos tintos, as osmoses inversa e outras "maravilhas da tecnologia moderna" surgiram para produzir vinhos a baixo custo, maquiados para enganar os consumidores de primeira viagem.

Não sou, absolutamente, contra nenhuma das iniciativas, mas sobre os vinhos *naturais* penso que não deveria ser permitido o uso da expressão NATURAL e serem criadas regras claras e auditáveis para evitar a ação dos aproveitadores que vendem esses vinhos sem cumprir os requisitos. O uso de SO_2 passou de NADA para USO MODERADO. Moderado quanto? Sem regras claras e rigorosas, não haverá credibilidade.

Sobre o uso de *chips,* não sou contra, porém penso que deveria ser obrigatório declarar no rótulo. Quem usa barricas, comprova sua existência em cantina, quem usa *chips*, declara.

Resumo da elaboração em branco

Após analisarmos a razão de ser das diversas etapas que devem ser seguidas em toda elaboração de vinhos brancos de qualidade, faremos agora um resumo simples de todas elas:

1. Selecionar as uvas escolhendo as que se encontram em perfeito estado sanitário.
2. Fazer o transporte de forma rápida e adequada das uvas, de modo a permitir a chegada na cantina em perfeito estado.
3. Efetuar a extração do suco através do uso de prensas que garantam baixas pressões na obtenção do suco-flor.
4. Fazer a limpeza prévia à fermentação, para eliminar impurezas.
5. Usar leveduras selecionadas adquiridas em laboratórios credenciados.
6. Fermentar com controle da temperatura entre 15º e 18º C.
7. Decidir se o vinho sofrerá ou não a fermentação malolática, conforme seus teores de acidez.
    - Caso queira realizá-la: atrasar a trasfega e deixar o vinho novo em repouso no reservatório até a totalidade da malolática. Imediatamente depois, filtração e guarda.
    - Caso não queira realizá-la: filtrar logo após a finalização da fermentação e guarda.
8. Conservar em reservatórios de aço inoxidável até o momento de sua preparação para comercialização.
9. Preparação para o engarrafamento: nesta última etapa, o vinho é *acabado* e preparado para as condições de transporte, conservação, manuseio e serviço até seu consumo por meio da clarificação e filtrações finais.

Antes da filtração, o vinho é estabilizado em relação aos sais do ácido tartárico. Como já explicamos no capítulo da degustação, quando abordamos o tema da acidez, o ácido tartárico (chamado antigamente ácido úvico) é um ácido orgânico próprio dos vinhos. Esse ácido tem a propriedade de cristalizar seus sais à baixa temperatura, tornando-os insolúveis e formando cristais pequenos, que se sedimentam e são confundidos frequentemente com vidro moído.

Os vinhos e espumantes que são bebidos gelados ou frios devem ser estabilizados pelo esfriamento brusco com equipamentos especiais (ultrarrefrigerantes) até a temperatura de –4º ou –5º C e mantidos nessas condições por uma semana. Dessa forma provoca-se a formação dos cristais, filtram-se para separá-los e consegue-se a "estabilidade tartárica", eliminando todos os sais do ácido que poderão cristalizar.

> **Por que um vinho pode ser esfriado até 5 graus negativos sem congelar?**
>
> Toda solução hidroalcoólica (o vinho é uma solução hidroalcoólica) congela a uma temperatura abaixo de zero igual à metade mais um de sua graduação alcoólica. Por exemplo: um vinho de 11 graus congelará a uma temperatura de 11/2 = 5,5 + 1= 6,5 graus negativos.
>
> Por essa razão a cerveja (5 graus de álcool) congela facilmente e a vodca (40 graus de álcool) não.

ELABORAÇÃO DE VINHOS EM TINTO

Desengaçado (retirada do cabinho)

Como já dissemos no item da elaboração em branco, a cor está retida na casca da uva. O suco das uvas tintas, como Cabernet Franc, Merlot, Cabernet Sauvignon e Pinot Noir, para citar apenas as mais importantes, é absolutamente cristalino. Por essa razão, contrariamente à elaboração em branco, onde as uvas são prensadas e se trabalha somente com o suco, a elaboração em tinto se realiza com a presença das cascas, que irão ceder sua cor ao suco, que passará de cristalino a rosado e de rosado a tinto, mais ou menos intenso, conforme o tempo de permanência das cascas com o líquido.

A fase de contato das cascas com o líquido se chama maceração, e é a mais importante da elaboração em tinto, já que nessa etapa se extraem outros componentes, como antocianos e taninos, que terão influência fundamental na longevidade do futuro vinho.

A figura da página a seguir mostra a etapa inicial da elaboração em tinto, que inicia pela passagem da uva pela desengaçadeira, um equipamento especial que retira o engaço (cabinho da uva), liberando o grão esmagado, que será enviado imediatamente ao reservatório, onde se iniciará a maceração.

Maceração

Antes de iniciar a fase de maceração, o enólogo deverá ter claro o tipo de vinho a elaborar: jovem para consumo rápido ou de guarda para ser consumido após passagem em madeira (maturação em barricas) e envelhecimento na garrafa. Conforme essa decisão, será feita a maceração, com menor ou maior duração.

A maceração é a etapa em que o líquido incorpora, por contato, todos os componentes retidos na casca e define o tipo de vinho tinto a elaborar.

Na maceração são extraídos os componentes da cor, basicamente formados pelos antocianos, que são pigmentos vermelhos extraídos rapidamente, e os taninos, que demoram mais a incorporar-se ao líquido.

OS ANTOCIANOS: São os primeiros componentes a serem extraídos. São vermelhos, mas não são muito estáveis, sendo a eles atribuída a característica da cor atijolada dos vinhos mais envelhecidos. Incorporam-se ao vinho nas primeiras horas de maceração.

OS TANINOS: São o sustentáculo da cor, responsáveis por sua estabilidade, e também pela estrutura e corpo, que garantem longevidade aos vinhos tintos. Como os taninos são solúveis somente em álcool, não são extraídos de forma imediata. Começam a ser incorporados ao vinho quando a fermentação já está avançada e os teores de álcool do vinho são significativos.

Além da capacidade de formar a estrutura do vinho, alguns taninos são os responsáveis pela adstringência, que é uma sensação tátil resultante da reação destes com as proteínas da boca, provocando a falta momentânea de lubrificação da saliva e a forte sensação de "boca seca". Essa sensação, quando sentida fortemente, cria desconforto ao consumidor, que tem dificuldade de beber o vinho. Os taninos responsáveis pela adstringência são os de baixo peso molecular, que, ao polimerizar-se, ganham peso molecular e maciez. A polimerização é estimulada através da oxigenação, que pode ser realizada de grandes recipientes de madeira, com a trasfega, ou em barricas de carvalho de pequena capacidade (225 litros), como veremos mais adiante.

Por tudo isso é que, conforme o tipo de vinho a elaborar, o enólogo mantém curtos períodos de permanência das cascas com o líquido, de modo a extrair os antocianos (vermelhos) e não extrair taninos, ou deixa maior tempo, sabendo que posteriormente o vinho exigirá maior tempo para amadurecimento.

O importante é que o vinho oferecido ao consumidor não seja agressivo ao paladar, mas macio, fácil de tomar, seja tinto jovem ou de guarda.

Quando a uva desengaçada chega ao reservatório de maceração, que poderá ser uma pipa ou um equipamento especial, logo após as primeiras horas a massa de cascas começa a boiar, formando o chamado *chapéu*. O líquido que se encontra próximo das cascas irá adquirir a cor, mas o líquido inferior permanecerá incolor. Aí se torna fundamental fazer circular o suco através

SISTEMA DE ELABORAÇÃO EM TINTO

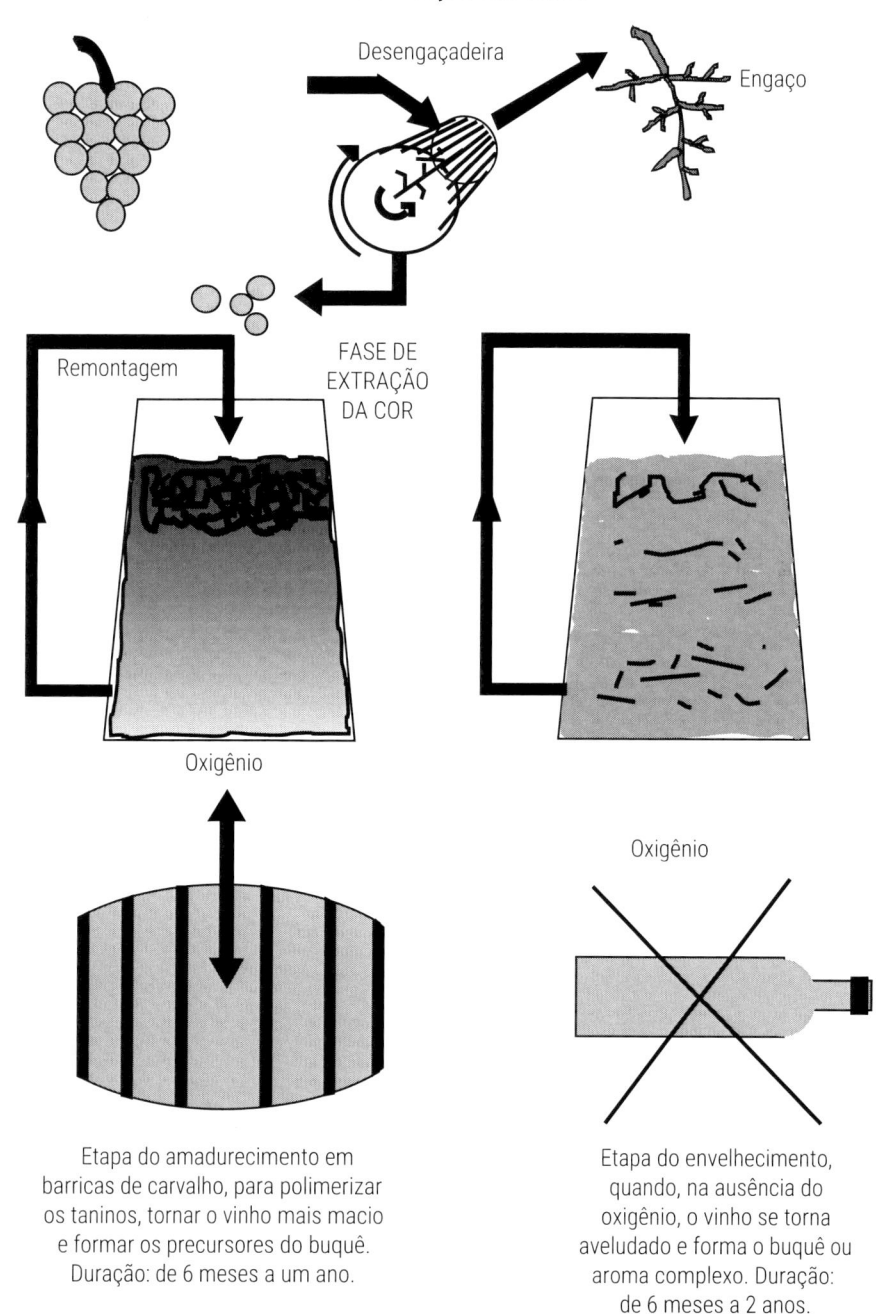

Desengaçadeira

Engaço

Remontagem

FASE DE EXTRAÇÃO DA COR

Oxigênio

Oxigênio

Etapa do amadurecimento em barricas de carvalho, para polimerizar os taninos, tornar o vinho mais macio e formar os precursores do buquê. Duração: de 6 meses a um ano.

Etapa do envelhecimento, quando, na ausência do oxigênio, o vinho se torna aveludado e forma o buquê ou aroma complexo. Duração: de 6 meses a 2 anos.

Os Vinimatics a serviço da precisão.

da massa de cascas, numa operação chamada *remontagem*, retirando por uma torneira inferior o suco e com uma bomba especial levantá-lo por meio de mangueira até a parte superior. Dessa forma, todo o chapéu será molhado e transmitirá a cor ao líquido.

Existem equipamentos mais sofisticados que permitem fazer essa homogeneização de forma mais perfeita e suave, conhecidos como Vinimatic. Trata-se de um reservatório horizontal que gira apoiado em rodas, semelhante à forma de uma betoneira ou misturador de cimento. O reservatório gira no momento e frequência planejados pelo enólogo, por meio de um comando automático. A grande vantagem desse tipo de equipamento é que a mistura é perfeita e homogênea, permitindo a retirada total dos componentes da cor depositados nas cascas. Deve-se prestar atenção à decisão do número de giros por dia, para evitar a ruptura acentuada da casca, que provoca a formação de odores e sabores muito herbáceos no vinho elaborado.

Esquema de elaboração de vinhos tintos jovens
(para consumo rápido, no máximo em dois ou três anos)

SELEÇÃO DAS UVAS: Neste quesito não há diferença nas exigências das características das uvas para elaborar vinhos jovens e de guarda. A diferença fundamental está na escolha da variedade e no período de contato das cascas com o suco.

Variedades mais apropriadas para elaborar vinhos jovens: Pinot Noir, Gamay, Cabernet Franc, Merlot, Ancelotta, Egiodola.

RECEPÇÃO E DESENGAÇADO ou separação do cabinho.

MACERAÇÃO OU TEMPO DE CONTATO DAS CASCAS COM O SUCO: Na elaboração de vinhos para consumo rápido a maceração deve ser curta, para extrair boa intensidade (antocianos), mas poucos taninos. Geralmente essa maceração não ultrapassa as 48 horas.

A temperatura de maceração deve ser controlada, já que acelera a velocidade da ação das leveduras, e com isso se agiliza a formação de álcool, que é um solvente dos taninos. Geralmente é mantida entre 20 e 25 graus C.

SEPARAÇÃO DO VINHO DAS CASCAS (OU DESCUBE): É o trasvaso do suco em fermentação para outro recipiente, separando as cascas. É feita quando a extração de componentes da cor é considerada adequada ao tipo de produto.

FIM DA FERMENTAÇÃO: Quando os açúcares são totalmente consumidos e transformados em álcool, a atividade das leveduras acaba e estas, junto com as impurezas (resíduos de cascas, sementes, etc.) decantam e o "vinho novo" começa a limpar naturalmente. Nesse momento é feita uma trasfega, que é um novo trasvaso para outro recipiente, que permanecerá fechado.

O vinho está quimicamente acabado, mas falta sua estabilidade biológica, que se obtém somente quando realiza a fermentação malolática (veja item Elaboração de Vinhos em Branco – Para obter sabores ligeiros...). Isso acontece até 30 dias após o término da fermentação alcoólica (fins de março, início de abril).

REPOUSO DO VINHO: O vinho então repousa até passado o inverno, sofrendo um leve amadurecimento, que desperta sua vinosidade e amabilidade.

PREPARAÇÃO DO VINHO PARA O ENGARRAFAMENTO: Antes do engarrafamento, o vinho é submetido a clarificações e filtrações, que retiram impurezas e o deixam brilhante e límpido.

ENGARRAFAMENTO E COMERCIALIZAÇÃO: O vinho jovem não deve sofrer envelhecimento na garrafa e por tal motivo deve ser comercializado após um breve repouso de 3 ou 4 meses.

Esquema de elaboração de um vinho tinto de guarda
(para ser consumido somente após quatro-cinco anos e durante o maior tempo possível)

SELEÇÃO DAS UVAS: Com o mesmo critério que o vinho jovem, com o máximo de maturação possível.

VARIEDADES MAIS APROPRIADAS PARA ELABORAR VINHOS TINTOS DE GUARDA: Cabernet Sauvignon, Malbec, Carmenere, Merlot, Tannat.

RECEPÇÃO E DESENGAÇADO: Mesmo critério dos vinhos jovens.

MACERAÇÃO: Nesta operação o critério é extrair o máximo de componentes, sejam antocianos ou taninos, e isso se consegue alongando a maceração. A temperatura de maceração deve ser a máxima possível (entre 28 e 30 graus C), para agilizar a formação de álcool e dissolver melhor os componentes. Neste particular é necessário prestar muita atenção, já que temperaturas superiores a 30 graus representam o limite da atividade das leveduras. A fase de maceração, que será bem mais longa, é acompanhada atentamente, para verificar a incorporação dos componentes ao vinho.

SEPARAÇÃO DAS CASCAS, O DESCUBE: Quando for constatada a total extração dos componentes da cor, taninos e antocianos.

Trasfega, se a maceração se prolongou até finalizar a fermentação alcoólica; a primeira trasfega será realizada após completada a fermentação malolática.

FIM DA FERMENTAÇÃO MALOLÁTICA: Trasfega-se novamente, e o vinho entra em repouso até o fim do inverno.

INÍCIO DA FASE DE AMADURECIMENTO: Nesta fase é fundamental a oxigenação do vinho, para provocar a polimerização dos taninos de baixo peso molecular. Essa oxigenação pode ser realizada por intermédio de trasfegas sucessivas a cada 3 ou 4 meses ou, como é realizado na região de Médoc e também por algumas vinícolas da Serra Gaúcha, pelo uso das barricas de carvalho de 225 litros. A característica principal do carvalho é que é uma madeira porosa, por isso o vinho *respira* e incorpora lentamente pequenas quantidades de oxigênio sem ser deslocado de recipiente para recipiente. Esta fase, que no Brasil pode durar de 8 meses a mais de um ano, somente é suportada por vinhos com muita estrutura, já que o processo de micro-oxigenação e posterior polimerização dos taninos os amacia substancialmente. O vinho nesta fase adquire sabor aveludado, redondo e ganha ainda um componente que terá grande influência no seu futuro buquê: a baunilha do carvalho, esse componente nobre que contribui na formação do buquê complexo, intenso, longo. O tempo de permanência do vinho nas barricas depende de diferentes fatores, como estrutura do vinho, idade das barricas, etc. Não é uma fórmula matemática.

RETIRADA DAS BARRICAS E PREPARAÇÃO PARA O ENGARRAFAMENTO: Geralmente, ao final da fase de maturação em barricas, o vinho é submetido a uma clarificação, para retirar impurezas e substâncias em suspensão.

ENGARRAFAMENTO E INÍCIO DA FASE DE ENVELHECIMENTO: Nos vinhos de guarda é fundamental a fase de envelhecimento na garrafa, que possibilita a formação do aroma terciário ou buquê. Durante a fase da garrafa, agora em anaerobioses, inicia a evolução dos aromas complexos, e o vinho vai ganhando amabilidade, fica menos *duro* e perde com o tempo a predominância aromática e gustativa do carvalho. Está-se, neste momento, criando um vinho *de nariz*, aquele que encanta sensorialmente.

Esta fase tem início mas não tem fim. Geralmente as cantinas envelhecem seus vinhos por pelo menos um ano, podendo chegar a muitos anos. Como no caso do tempo de maturação no carvalho, não há fórmula matemática ou mágica. Depende da evolução do produto, do estilo desejado, etc. Após esta fase, o vinho é colocado no mercado, e o consumidor que é capaz de descobri-lo irá desfrutá-lo ao longo de anos e anos.

ELABORAÇÃO DE VINHOS EM ROSADO

Este sistema de elaboração de vinhos segue a técnica da elaboração de vinhos em tinto, para obter a cor rosada, e a técnica de elaboração em branco durante a fase de fermentação.

Como vimos na elaboração em tinto, o suco das uvas tintas é cristalino e vai adquirindo a cor vermelha durante a permanência das cascas com o líquido. Na elaboração em rosado, onde se utilizam uvas tintas adequadas, como

Amadurecimento em barricas.

Envelhecimento em garrafas.

Pinot Noir, Cabernet Franc e Merlot, as cascas permanecem até que o líquido adquira a cor rosada desejada. Isso geralmente não ultrapassa as 24 horas.

Quando isso acontece, as cascas são separadas e o líquido transferido a um recipiente de aço inoxidável, onde se realizará a fermentação alcoólica com controle de temperatura, de modo a obter um vinho de aromas frutados, frescos e delicados.

O vinho rosado assim vinificado reúne as características de corpo e estrutura de um tinto leve e ainda os aromas frescos e agradáveis de um vinho branco.

Na Europa, especialmente na França, o vinho rosé seco é muito apreciado, inclusive como espumante.

No Brasil, vinho rosado é sinônimo de vinho levemente adocicado e condenado pelos *entendidos* a ser bebido somente por pessoas que nada entendem de vinhos. Esse preconceito, que não existe para os brancos igualmente adocicados, geralmente é de pessoas que também se iniciaram tomando rosê gelado.

Outra forma de obter vinho rosado é misturando vinho branco com tinto. Essa mistura é variável, de 10 a 20% de tinto e o restante branco.

Esses vinhos, também condenados pelos *entendidos*, porque que acham que são *mestiços*, não têm nada demais. Se admitimos a mistura de diversos tipos de vinhos tintos para obter um terceiro de maior qualidade, por que condenar esse vinho?

Os espumantes naturais 5

DEFINIÇÃO LEGAL DE ESPUMANTE NATURAL NO BRASIL

> "Espumante natural é o produto no qual o anidrido carbônico é resultante de uma segunda fermentação alcoólica do vinho, em grandes recipientes (método *charmat*) ou na própria garrafa (método tradicional ou *champenoise*), com uma pressão mínima de 4 atmosferas a 20 graus C e com um conteúdo alcoólico de 10 a 13% em volume."

ORIGEM DOS ESPUMANTES NATURAIS

Os vinhos com "presença de gás" já eram conhecidos no início do século XVII.

Eles nasceram por acaso e Don Perignon, monge beneditino, mestre da adega da Abadia de Hautvillers, cidade próxima de Epernay, no coração da Champagne, ao qual é atribuída a criação dos espumantes, na realidade lutou bravamente para evitar a formação de gás nas garrafas. A região de Champagne, situada ao norte da França, sempre se esmerou em elaborar vinhos tintos com Pinot Noir, a exemplo de sua vizinha logo abaixo, a Borgogne. O problema constante eram as baixas temperaturas estivais, que impediam a total maturação das uvas. Os vinhos tintos produzidos eram duros e sem graça. Para piorar a situação, as temperaturas baixas ocasionavam arbitrariamente a paralisação da fermentação alcoólica em alguns lotes que não eram identificados, que logo quando engarrafados reiniciavam a fermentação para consumir os restos de açúcares remanescentes, provocando a formação de gás e a quebra das garrafas, que explodiam. Eram garrafas consideradas perigosas e estragadas. Os vinhos, além de baixa qualidade, eram pouco confiáveis.

Anos se passaram até descobrir e dominar o fenômeno que acontecia com as *garrafas perigosas*. Os avanços do conhecimento do fenômeno da fermentação, sua natureza, os agentes que o provocavam e seus efeitos, permitiram aos produtores da Champagne reproduzi-lo voluntariamente e descobrir sua verdadeira vocação: produzir um derivado da uva e do vinho diferente, único, incomparável. Nesse momento, a atuação de Don Perignon foi fundamental, já que introduziu na região algumas técnicas que contribuíram para a melhoria qualitativa do produto, que já encantava as cortes. Elas foram:

- Elaboração de vinhos brancos com Pinot Noir (*blanc de noir*) pela extração do suco, aplicando baixa pressão em prensas fabricadas na região.
- Substituição das rolhas de vinho por uma rolha específica, amarrada com barbante.
- Orientação na criação de uma garrafa com maior resistência à pressão, com fundo cavado.
- Mistura de sucos e vinhos de diferentes variedades, regiões e vinhedos, criando com isso a prática do *assemblage* (mistura), que veio a transformar-se no verdadeiro segredo das vinícolas da região.

Muitas outras pessoas contribuíram para o aperfeiçoamento do processo de elaboração de espumantes naturais na própria garrafa, que começou a ser chamado "método *champenoise*".

A viúva Cloicquot, herdeira da famosa casa da cidade de Reims (com Epernay são as cidades mais importantes da Champagne), aportou uma inovação importantíssima, que foi o uso dos *pupitres* utilizados até hoje para remover os depósitos de leveduras até a boca da garrafa. Ela criou isso no início do século XIX.

Os vinhos espumantes produzidos nessa região, que foram chamados *champagnes*, em alusão ao nome de origem, inicialmente foram destinados ao consumo das cortes, o que favoreceu sua imagem de produto especial, único, raro. Com o passar do tempo, o consumo começou a popularizar-se, ser associado a momentos festivos, comemorativos, alegres, especiais, ganhando fama mundial. Com tanta fama, o *champagne* não tardou a ser produzido em outras regiões, na França e fora dela, dando origem à popularização do consumo dessa maravilhosa bebida, que encanta e alegra todos os momentos, inclusive os festivos. Nessa época, o nome da região e do produto eram dificilmente dissociados, e o nome *champagne* foi a forma de denominar todos os espumantes naturais do mundo.

A CHAMPAGNE

A região da Champagne, situada, como mostra o mapa abaixo, ao norte da França, é uma AOC – Appellations d´Origene Contrôllèe criada e delimitada em 22 de julho de 1927.

A sigla AOC equivale à sigla DOC – Denominação de Origem Controlada ou Qualificada, utilizada em outros países, como Itália, Espanha e Portugal. Corresponde a uma região geograficamente delimitada, dentro da qual podem ser elaborados produtos derivados da uva e do vinho identificados pelo nome da própria região, como Champagne, Asti, Bordeaux, ou criados para essa finalidade, como Barolo, Barbaresco, Cava, etc., ou combinações da variedade utilizada com a região, como Barbera D´Asti, Nebbiolo D´Alba, etc., desde que produzidos conforme as normas estabelecidas num regulamento específico.

CARACTERÍSTICAS DA REGIÃO: Champagne é uma velha província da França situada a 150 km ao nordeste de Paris que dá o nome aos espumantes. Compreende 318 comunas localizadas em cinco departamentos: Marne, Aisne, Aube, Haute-Marne e Seine-et-Marne, onde a área total de vinhedos plantados é de 34.000 hectares.

SITUAÇÃO GEOGRÁFICA: Os vinhedos da região encontram-se no limite setentrional da cultura da uva entre 49° de latitude ao norte de Reims e 48° em Bar-sur-Siene.

O CLIMA: É extremamente severo e duro para a uva, devido à carência de calor e excesso de baixas temperaturas (média anual de 10°C) e umidade. Recebe dupla influência, oceânica e continental. A influência oceânica participa com chuvas regulares e choques térmicos entre elas e a influência continental com as geadas fortes durante o inverno e a forte insolação no verão. A quantidade de água das chuvas atinge níveis situados entre 650 e 700 mm.

O SOLO: A composição do subsolo é predominantemente calcário. Os sedimentos que afloram são compostos de gesso e calcários, mas as uvas de Champagne têm predileção pelo gesso constituído por fósseis marinhos.

Os vinhedos são cultivados numa altitude situada entre 90 e 300 metros a.n.m., em terrenos com pendência média de 12%, mas que pode chegar a 59%. Essa característica favorece a exposição ao sol e ao escoamento rápido das chuvas.

AS UVAS: São autorizadas somente três variedades de uva, as tintas Pinot Noir e Pinot Meunier e a branca Chardonnay. A área ocupada por variedade é de aproximadamente 28% de Chardonnay, 39% de Pinot Noir e 33% de Pinot Meunier.

A COLHEITA: O Comité Interprofessionnel du Vin de Champagne – CIVC, órgão regulador da região, determina o dia de início da colheita em cada zona em função dos índices de maturação (açúcares/acidez), controlados diariamente. O CIVC determina que a colheita seja manual, e as uvas transportadas às cantinas em caixas plásticas de no máximo 50 quilos. Está absolutamente proibida a colheita mecânica.

A VINIFICAÇÃO NO MÉTODO *CHAMPENOISE*

Prensagem das uvas (*le pressurage*): Devido a que dois terços das uvas são tintas, as exigências impostas na prensagem ou extração do suco são as seguintes:

- As uvas devem ser prensadas inteiras, para evitar maceração e oxidações.
- O rendimento máximo é de 102 litros de mosto a cada 160 quilos de uva, o que equivale a 63,75% em volume.
- Devem ser separadas duas frações de mosto, que são:
  – *Cuvée* (mosto-flor): 51,25% em volume.
  – *Taille* (mosto-prensa): 12,50% em volume.

O vinho *cuvée* aporta ao *assemblage* fineza, aromas sutis e uma boa capacidade de maturação, e o vinho *taille* aporta maior caráter aromático e intensidade, maturando mais rapidamente.

LIMPEZA PRÉVIA DOS MOSTOS (*LE DÉBOURBAGE*): A clarificação ou decantação dos sucos antes do início da fermentação é estática durante 12 a 14 h. Permite, sem interferir nas características dos mostos, eliminar partículas em suspensão, como restos de cascas, sementes, fragmentos de terra, micro-organismos, etc. por meio dos coágulos que se formam pela degradação das matérias pécticas pelas enzimas naturais da uva. Essas impurezas se eliminam ao cabo de 12 horas e o mosto limpo é transportado a um novo recipiente, no qual será realizada a fermentação.

A FERMENTAÇÃO ALCOÓLICA: Na Champagne, devido às limitações na maturação das uvas, é permitida a prática da chaptalização (a exemplo do Brasil), que é o uso de açúcar exógeno (diferente da uva), para completar a graduação alcoólica de 11% em volume. Esse açúcar pode ser de beterraba ou cana.

A fermentação era realizada tradicionalmente em barricas de carvalho de 205 litros, chamadas de *pieces*, mas na atualidade se realiza também em reservatórios de aço inoxidável de capacidade variável.

Os sucos, logo após serem corrigidos, são adicionados de nutrientes e leveduras selecionadas na região, que realizarão o processo de transformação dos açúcares em álcool e centenas de outros componentes. A temperatura durante esse processo, que dura em torno de trinta dias, é mantida entre 16 e 20°C.

A FERMENTAÇÃO MALOLÁTICA: Este fenômeno, que já foi aceito unanimemente, hoje se realiza em parte dos *cuvées,* porque, apesar de aportar fineza e amabilidade ao vinho pela troca do ácido málico pelo láctico, também os deixa mais maduros. Por essa razão, hoje a tendência é fazer lotes com e sem malolática e depois misturá-los adequadamente no *assemblage.*

O CORTE OU MISTURA (O *ASSEMBLAGE*)

Desde a criação dos espumantes de Champagne, o *assemblage* permite conferir ao vinho resultante uma personalidade singular que distinguirá cada produtor. Constitui-se na verdadeira assinatura do enólogo, que será mantida ao longo dos anos. A arte do *assemblage* permite criar um vinho-base superior pela soma das características das parcelas que o compõem.

O *assemblage,* feito geralmente no ano seguinte à colheita das uvas, é composto de vinhos de diferentes variedades (dentro das permitidas), de diferentes vinhedos e de diferentes safras, salvo nos *millésimes,* nos quais é obrigatório misturar somente vinhos da mesma safra.

Cada variedade contribui com sua característica. Os vinhos de Chardonnay aportam aromas delicados e frutados com notas minerais acentuadas quando jovens, mas que evoluem magnificamente de forma lenta. Na preparação do *assemblage,* esse vinho é presença indispensável.

Os vinhos de Pinot Noir se destacam quando jovens pela forte presença de aromas de frutas vermelhas e uma estrutura marcante. No *assemblage,* participam com o corpo e a potência. São o verdadeiro *andaime* do sabor.

A variedade Pinot Meunier tem menos exigências de sol e calor na fase de maturação, e por isso dá melhores resultados que as outras em anos de excesso de chuvas. Resulta num vinho frutado e robusto que evolui mais rapidamente, aportando ao *assemblage* maior redondez.

Os critérios de avaliação de cada parcela e sua participação no *assemblage* exigem experiência e sensibilidade do enólogo responsável, que deverá projetar a capacidade de evolução da mistura na segunda fermentação. A qualidade de um espumante é resultante fundamentalmente da qualidade do vinho-base.

ESTABILIZAÇÃO DO *ASSEMBLAGE*: Como os espumantes elaborados na própria garrafa não podem ser submetidos a qualquer processo físico, é necessário fazê-lo no *assemblage,* para garantir total estabilidade. Como foi explicado no capítulo de elaboração de vinhos brancos, é necessário fazer a estabilização dos sais do ácido tartárico no *assemblage,* para evitar a formação de cristais ao ser esfriado. Com tal finalidade, o vinho é esfriado a aproximadamente –5°C durante uma semana e posteriormente filtrado, para eliminar os cristais formados. O vinho-base estará pronto para uso.

MÉTODO *CHAMPENOISE* PARA ELABORAR ESPUMANTES NATURAIS

O engarrafamento para tomada de espuma (*le tirage et la prise de mousse*)

A segunda fermentação, que tem como finalidade incorporar o gás carbônico, que se forma naturalmente, é realizada na própria garrafa somente após o dia 1.º de janeiro posterior à safra e se chama tomada de espuma (*prise de mousse*). O lote de garrafas fechadas é identificado com o nome de *tirage*.

Num reservatório são colocados:

- Vinho-base seco e estabilizado.
- AÇÚCAR: O balanço químico da fermentação demonstra que a cada 4 gramas de açúcares consumidos se forma um litro de gás carbônico. Como a pressão de trabalho é de 6 atmosferas, a quantidade total de açúcares adicionados será de 24 gramas por litro. Para adicionar esse insumo, é feito um xarope 50% composto de vinho e açúcar, chamado "licor de *tirage*".
- ALIMENTOS PARA AS LEVEDURAS: Este insumo, composto de substâncias nitrogenadas, é colocado para estimular a atividade reprodutiva das leveduras e possibilitar uma fermentação lenta e contínua.
- LEVEDURAS: As leveduras são as responsáveis pela fermentação. No início, durante a fase reprodutiva, se alimentam de substâncias nitrogenadas e quando ganham população, iniciam a fermentação, produzindo gás carbônico (6 atmosferas), em torno de 1,4% em volume de álcool (24 / 17 = 1,4), e álcoois superiores e ésteres, que contribuirão nas características organolépticas do produto.
- COADJUVANTE PARA CLARIFICAÇÃO: Ao fim da fermentação, as leveduras se depositam, e a utilização de um clarificante, que geralmente é bentonite, ajuda a formar um depósito menor e mais compacto.

- Com essa mistura bem homogeneizada, são enchidas as garrafas especiais de espumante, mais resistentes e pesadas, que serão fechadas com um opérculo (A) e uma tampa tipo cerveja (B), protegida por um disco de cortiça (C), como mostra a figura abaixo.

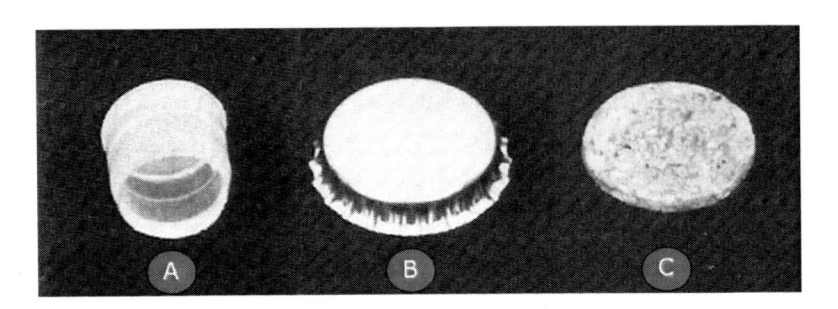

As garrafas são colocadas em caves que mantêm uma temperatura constante situada entre 10 e 12°C e totalmente protegidas da luz natural. Nessas condições o processo de tomada de espuma e a maturação transcorrem de forma lenta e gradual.

A fermentação até o consumo total dos açúcares tem duração de 6 a 8 semanas.

A maturação sobre as leveduras (*la maturation sur lies*)

É a etapa mais importante, que proporciona ao produto a elegância e a complexidade únicas, que os distinguem dos demais. Apesar de ser uma etapa longa, não oferece nenhum risco ao produto, já que durante a fermentação as leveduras consumiram a totalidade do oxigênio presente na garrafa, criando condições naturais para a absoluta proteção do vinho em relação às oxidações.

As garrafas são colocadas na posição horizontal e deixadas em repouso nas condições de abrigo da luz e temperaturas citadas anteriormente, durante pelo menos 15 meses. Nesse período o espumante sofre a maturação durante a qual o vinho se beneficia do contato prolongado com as leveduras. Após alguns meses, as leveduras liberam e incorporam ao vinho, após sua morte e autólise, algumas substâncias de sua própria constituição (aminoácidos), que aportam aromas e sabores complexos e especiais típicos do método *champenoise*, com maturação prolongada.

A remoção (*le remuage*)

Finalizada a etapa de tomada de espuma e maturação, é iniciada a fase de remoção das impurezas (*remuage*), pela qual os resíduos formados por leveduras e clarificante são direcionados à boca da garrafa, para sua posterior eliminação, como mostra a figura a seguir.

O *remuage* é realizado durante aproximadamente 40 dias em plataformas inclinadas chamadas *pupitres,* que têm em cada fase 60 furos, elípticos e chanfrados, que possibilitam que a garrafa, no início, seja pouco introduzida e colocada na posição horizontal. Uma vez por semana, um operário dá um golpe de pulso, gira um oitavo ou meia volta e a introduz ligeiramente, ganhando, por força da forma do furo, a posição vertical.

Detalhe de um *pupitre* e cave de *remuage*.

Detalhe do depósito na garrafa e o mesmo quase na posição final, junto à boca.

Detalhe do depósito no fundo da garrafa e a guarda em pilha de boca.

Os *pupitres*, confeccionados em madeira, foram inventados por um operário da Veuve Clicquot de Reims e são utilizados até hoje na grande maioria das vinícolas elaboradoras de *champagnes* e espumantes no mundo.

Ao longo dos dias, as impurezas vão se dirigindo à boca da garrafa, num movimento helicoidal, e o espumante vai ficando absolutamente limpo.

Os operários que realizam o *remuage* são treinados para essa finalidade e chegam a fazer mais de 20.000 garrafas por dia. Nas cantinas francesas que movimentam grandes volumes, os *pupitres* são substituídos por equipamentos chamados *giro-paletes,* que são pequenos contenedores colocados sobre uma base octogonal que possibilita o giro de 1/8 de volta de todas as garrafas (em torno de 600). Todos os comandos dos contenedores estão ligados a um computador, no qual são programados os giros e os dias.

Os *giro-paletes* têm o benefício de diminuir em aproximadamente 15 dias o tempo total de *remuage*. Não são utilizados em cantinas com pequena produção.

GUARDA EM PILHA DE BOCA *SUR POINTES*: Finalizado o *remuage*, quando o depósito está perfeitamente localizado na boca da garrafa, estas são dispostas em pilha de boca em *containers* ou empilhadas umas sobre as outras *amarradas*, colocando a boca da garrafa superior no fundo cavado da garrafa inferior, como mostra a figura acima.

É importante destacar que a conservação durante longos períodos em pilha de boca é absolutamente possível sem riscos de oxidações, porque o espumante, ao permanecer totalmente saturado de gás carbônico, permanece abrigado de qualquer interferência do oxigênio. Essa é a razão pela qual os espumantes elaborados pelo método *champenoise* podem ser maturados longamente sem sofrer oxidações.

O congelamento do depósito (*le dégorgement*)

Esta operação permite retirar totalmente as impurezas sem enturvar o produto. Consiste em submeter as garrafas mantidas na posição vertical invertida durante alguns minutos a uma solução de água e álcool mantida a −22 a −24°C. Como mostra a figura abaixo, as garrafas são submersas a até 4-5 cm da boca na solução gelada, formando, após alguns minutos, uma *rolha de gelo*, dentro da qual se encontram as impurezas. Nesse momento é possível inverter as garrafas sem que haja movimento do depósito.

Um operário finalmente abre a garrafa, retirando a tampa com uma pinça especial. Com a pressão interna, junto com a tampa saem o opérculo e a rolha de gelo levando as impurezas. Nesta operação o espumante perde aproximadamente 1 atmosfera. O espumante, nervoso pela imprevista fuga de gás, é colocado imediatamente num equipamento chamado *descanso*, onde recupera o equilíbrio de pressão e onde é colocada a dose de açúcar correspondente a seu tipo pela adição de um xarope chamado licor de expedição (*liqueur d'expédition*), que, a exemplo do licor de *tirage*, é uma mistura de vinho e açúcar, numa concentração de 60-70%, ou sem açúcar, se for utilizado para o tipo *nature*.

Máquina para congelar as garrafas e *rolha de gelo* dentro da qual estão as impurezas.

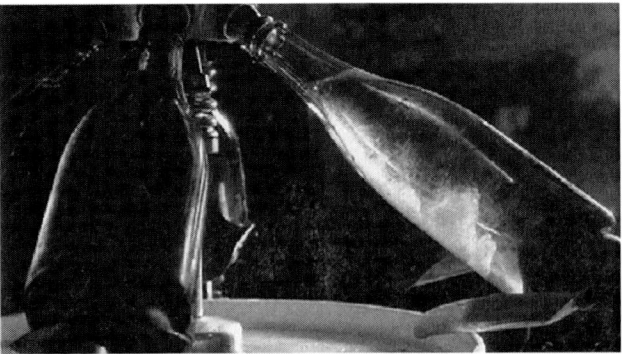

Operário retirando a tampa metálica, e descanso e dosador de licor de expedição.

Classificação dos espumantes em relação aos teores de açúcares totais (gramas/litro)

Nature: até 3 gramas
Extra-brut: de 3,1 a 6 gramas
Brut: de 6,1 a 15 gramas
Seco ou *sec*: 15,1 a 20 gramas
Demi-sec ou meio-doce: 20,1 a 60 gramas
Doce: superior a 60,1 gramas

Importância do licor de expedição

Na elaboração de espumantes naturais, em qualquer método, existem três variáveis importantíssimas, conhecidas por um número limitadíssimo de pessoas da equipe técnica, e que constituem o verdadeiro DNA do produto. Essas variáveis formam parte do patrimônio técnico da vinícola, e são:

1. **O corte de vinhos ou assemblage**, origem das uvas, tipos de variedades, forma de vinificação, tempo de repouso, etc.
2. **O tipo de leveduras**, as cepas, a origem, a composição. O gênero das leveduras para vinho e espumante é *Saccharomyces* e as espécies principais são a *cerevisiae* (por alguns chamada também *ellipsoideus*) e a *bayanus*.
3. **O licor de expedição**, considero "a cereja do bolo", devido a sua importância na definição do caráter olfativo e gustativo do produto final. É importante definir o tipo de vinho (jovem, envelhecido, amaderado, etc.), o uso ou não de algum espirituoso em pequena proporção (desti-

lado jovem, envelhecido, feito na vinícola, comercial?), açúcares para os tipo *extra-brut, brut,* seco, *demi,* doce, etc.

Fechamento

O fechamento definitivo da garrafa é por meio de uma rolha especial de cortiça e a gaiola de arame que a amarra ao bico da garrafa.

A rolha de espumantes é diferente das rolhas normais para vinho, já que tem um tamanho maior, de 48-50 mm de comprimento por 28-31 mm de diâmetro, e porque é composta de duas partes:

CORPO DE AGLOMERADO DE CORTIÇA: Feito com rolha moída, compactada e colada, este material ocupa a maior parte do total e tem como objetivo dar maior resistência, evitando deformações e impedindo a saída do gás carbônico.

DISCOS DE CORTIÇA NATURAL: Podem ser um ou dois e têm por finalidade evitar possíveis gostos de rolha transmitidos pela cortiça aglomerada.

É importante destacar que a rolha de espumante é submetida a condições rigorosas: a pressão de 5 atmosferas do gás interno e a gaiola segurando-a. No momento da colocação ela é comprimida a 17 mm de diâmetro (a garrafa tem aproximadamente 18 mm) e introduzida até 50% do comprimento, ganhando a forma de um cogumelo, como mostra a figura abaixo.

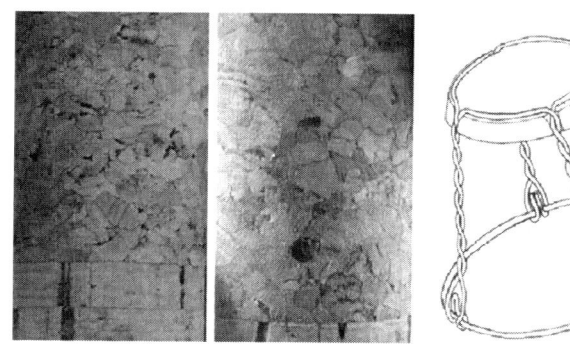

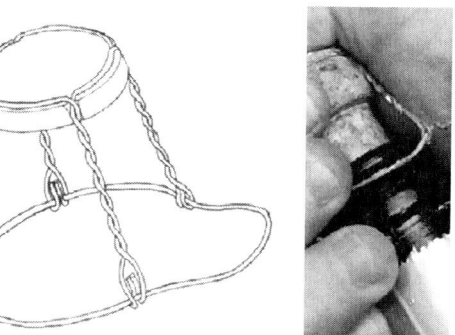

Rolha com um ou dois discos, gaiola e detalhe da deformação da rolha.

Envelhecimento

O envelhecimento posterior à colocação do licor de expedição e da rolha é fundamental para que o espumante readquira seu equilíbrio, incorpore o novo componente e ganhe complexidade aromática e gustativa. Deve ser pelo menos de 3-4 meses, ao cabo dos quais o espumante produzido pelo método tradicional – *champenoise* – atinge as características organolépticas que o distinguem de todos os outros vinhos.

MÉTODO *CHARMAT* PARA ELABORAR ESPUMANTES NATURAIS

O método *charmat* para elaboração de espumantes naturais foi criado pelo engenheiro francês do mesmo nome em 1907. Consiste na substituição da garrafa por um grande recipiente, chamado autoclave, onde se realiza a tomada de espuma. Todas as operações de limpeza e engarrafamento são realizadas por meio de processos físicos ou mecânicos.

A figura a seguir mostra um autoclave de aço inoxidável que possui todos os recursos de controle necessários, que são:

- Termômetro para controle de temperatura de fermentação. Para manter constante e baixa a temperatura de tomada de espuma, os autoclaves possuem dupla parede, através da qual circula líquido refrigerante, ou são colocados dentro de câmaras refrigeradas.
- Manômetro para controlar a evolução diária da pressão.
- Encanamento de retorno de gás, que serve para manter iguais as pressões quando o espumante é movimentado de um autoclave para outro durante a filtração e a estabilização.
- Registros de saída lateral e de funda.

A exemplo do método *champenoise*, no método *charmat* a mistura de vinho-base, açúcares na forma de licor, o clarificante e as leveduras são colocados e homogeneizados no momento de início do *tirage*.

A fermentação se completa em aproximadamente 40 dias, ao fim dos quais o espumante matura sobre as leveduras durante um período relativamente curto, geralmente não superior a 90 dias. Logo depois dessa fase, o espumante é filtrado e submetido a baixa temperatura (–5°C), para provocar

Autoclave de aço inoxidável e máquina enchedora isobarométrica.

a estabilização em relação aos sais do ácido tartárico, etapa que demora de 7 a 10 dias.

O cuidado principal no método *charmat*, em que a tomada de espuma se realiza em recipientes de grande tamanho, é respeitar o princípio físico da isobarometria ou igualdade de pressões, que é absolutamente necessária no momento das movimentações do espumante. Ao fim da tomada de espuma, as leveduras, ajudadas pelo clarificante, a exemplo do que acontece na garrafa, sedimentam-se, dirigindo-se ao fundo do tanque. Começa aí o breve período de maturação. Terminado este, o espumante é filtrado para retirar esse depósito e é submetido a baixa temperatura, para fazer a estabilização tartárica. Para movimentá-lo e não haver perdas de pressão, é necessário que o autoclave receptor esteja com uma pressão idêntica à de origem; caso contrário, haverá formação de espuma e perda de pressão, dano irreparável. No autoclave receptor é colocado nitrogênio (N2) até atingir a pressão adequada. O nitrogênio é o único gás permitido, porque é insolúvel no líquido; contrariamente ao gás carbônico, constitui a garantia de não haver incorporação artificial de gás. Ao iniciar a movimentação, são ligados os encanamentos de líquido na parte inferior dos autoclaves e o encanamento de gás na parte superior. Enquanto um vai, o outro volta, e ao fim da operação o tanque receptor estará cheio do espumante filtrado e o autoclave de origem estará com gás nitrogênio à pressão original.

No momento do engarrafamento, que se realiza em máquinas especiais isobarométricas, que inicialmente colocam gás na garrafa à pressão idêntica à do autoclave, e depois enchem, o espumante é *empurrado* com gás nitrogênio de modo a evitar desprendimentos desnecessários do gás carbônico dissolvido no produto.

ALGUNS COMENTÁRIOS SOBRE OS MÉTODOS

Comparar os espumantes produzidos por ambos métodos é tão sem sentido como comparar vinhos tintos jovens com envelhecidos: são tipos e estilos diferentes, melhores ou não, conforme o gosto e a preferência do consumidor. Por que cometer a injustiça de compará-los?

Podem-se comparar, sim, do ponto de vista operacional: no método *champenoise* ou tradicional, a operação é mais lenta, mais artesanal, mais apropriada a baixos volumes, e no método *charmat* mais rápida, industrial, ágil, mais dirigida a grandes volumes.

O fator que dá o estilo aos espumantes de cada método é a área e o tempo de contato das leveduras com o líquido. Esse é o verdadeiro diferencial que faz com que os espumantes não sejam melhores nem piores uns dos outros, mas, sim, diferentes.

Os espumantes *charmat* geralmente são mais frescos, jovens, ligeiros, próprios para acompanhar todas as horas. Têm cores mais pálidas, aromas frutados e intensos, onde a levedura frequentemente está presente e o gosto fresco e frutado.

Espumantes *demi-sec, prosecco* e moscatel espumante devem ser elaborados por este método, para ressaltar e preservar seu estilo. O tipo *brut* é tão magnífico feito por um método como do outro.

Já os espumantes *champenoise* ou tradicionais são mais complexos, seja de aromas como de gosto, evoluem mais. Têm cores geralmente mais intensas que os *charmat,* pelo tempo de maturação, aromas complexos e amáveis, e gosto com equivalente complexidade.

Espumantes *nature* e *extra-brut* geralmente são produzidos por este método, devido à ausência de açúcares, o que exige bases mais amáveis.

Pode ser feito um espumante *charmat* com as características de um tradicional? Em teoria sim, desde que alterando as variáveis descritas acima. A área de contato é impossível alterar, porque é inerente a cada método, mas o tempo de contato é possível aproximar, ao alongar o tempo, do método *charmat*. Este *charmat* mais prolongado é conhecido como *charmat* longo. Com certeza os espumantes elaborados pelo método *charmat* longo ganham um estilo semelhante ao do *champenoise* ou tradicional. Infelizmente, a legislação brasileira não define *charmat* longo, e por isso não há regras. Algumas vinícolas usam o termo. Resultado? Só provando e confiando.

OUTROS ESPUMANTES NATURAIS

Cava

Denominação exclusiva dos espumantes naturais produzidos na região de Penedés, na Catalunha espanhola. A região de Villafranca del Penedés e a cidade de San Sadurni d´Noia, distantes somente 40 km de Barcelona, são o centro produtor dos cava espanhóis e onde se encontram os principais produtores, destacando-se em especial dois deles, conhecidos no mundo todo: Codorniu e Freixenet. Essa região tem uma história semelhante à de Champagne, porque insistiu durante muitos anos na produção de vinhos que em grande parte eram comercializados a granel, sem maior valor agregado. O futuro enológico da região começou a mudar em 1872, quando Josep Raventós, proprietário da Codorniu, começou a elaboração de um espumante com as uvas locais seguindo o método utilizado na Champagne. A *filoxera* eliminou parte da uvas tintas, que foram substituídas pelas uvas brancas atuais.

Os espumantes cava devem seguir as regras determinadas pelo Conselho Regulador, algumas das quais são:

- Devem ser elaborados pelo método *champenoise* ou tradicional.
- Devem ser produzidos utilizando somente as uvas autorizadas, como Parellada, Macabeo e Xarel-lo. A uva Chardonnay foi autorizada recentemente.
- Devem ser produzidos num dos 159 pequenos povoados autorizados.
- Devem cumprir os prazos mínimos determinados no ciclo produtivo total (tomada de espuma, maturação, envelhecimento).

O tipo de cava mais comercializado é o *brut*.

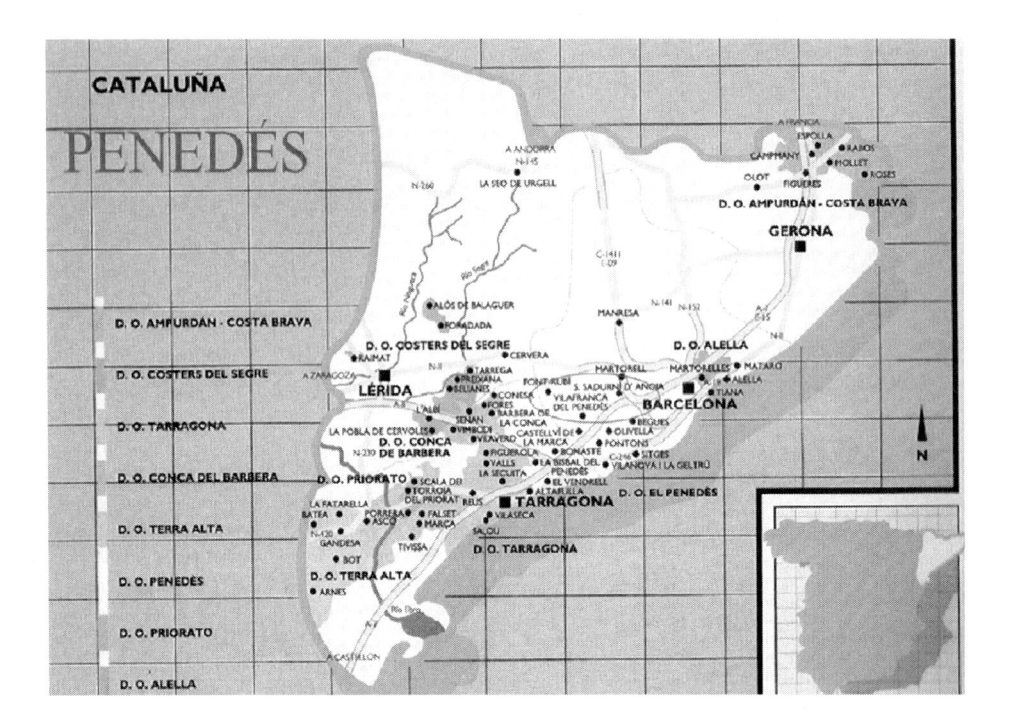

Asti

Denominação exclusiva dos espumantes naturais produzidos na região de Asti, no Piemonte italiano, exclusivamente com a uva Moscatel. Este espumante foi criado no século XIX, na pequena cidade de Canelli, e atualmente constitui uma DOC. É um dos mais famosos da Itália, exportado em grande quantidade para todo o mundo, em especial USA e Inglaterra. É um espumante que possui características únicas protegidas pelo rigoroso regulamento do Consórcio de Produtores, criado para tal fim, e que determina:

- Deve ser elaborado com uvas produzidas dentro do limite geográfico da DOC.
- Diferentemente dos espumantes tradicionais, o asti é resultante de uma única fermentação em recipiente fechado, ou seja, a matéria-prima básica é o suco da uva, e não o vinho.
- O suco matéria-prima pode ser conservado somente por meios físicos (filtração, frio, centrifugação).

- Deve ser elaborado exclusivamente com uva Moscatel (Canelli ou Bianco).
- Deve ter uma graduação alcoólica compreendida entre 7 e 10% em volume.
- Deve ter teores de açúcares remanescentes naturais compreendidos entre 60 e 100 gramas/litro.
- A tomada de espuma é pelo método *charmat* de grandes recipientes.

Resumindo as características organolépticas, este espumante é aromático (aroma e gosto da uva Moscatel), de baixa graduação alcoólica e doce.

Originalmente, eram utilizados sistemas de elaboração especiais, como o Mensio, descrito abaixo, mas atualmente se utiliza o sistema *charmat* tradicional, com filtrações e engarrafamento esterilizantes, que garantem a ausência total de leveduras. Dessa forma se obtém a garantia de que não haverá riscos de refermentações do produto acabado na garrafa.

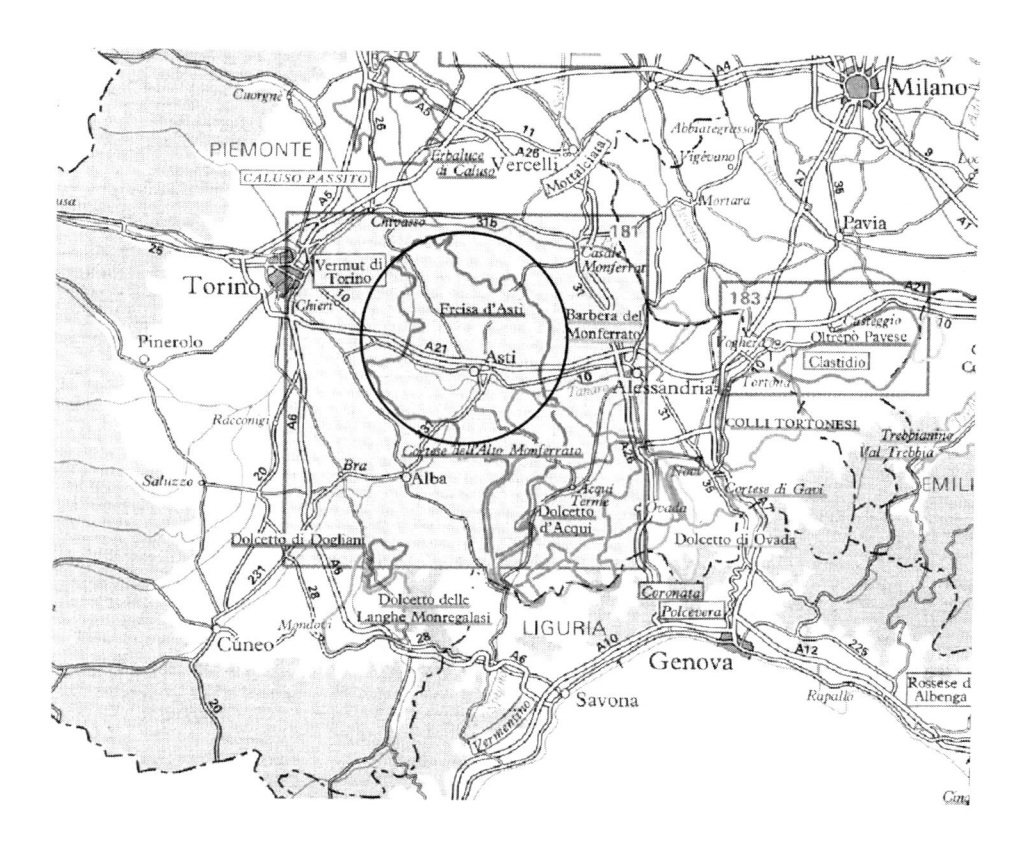

Sistema Mensio para elaborar *asti spumanti*

Por tratar-se de um suco semifermentado, ou seja, baixa graduação alcoólica e altos teores de açúcares, o *asti spumanti* sempre representou um grande desafio para os enólogos da região. Como produzi-lo sem correr riscos de fermentações indesejadas na garrafa do produto final, sem utilizar conservantes ou antifermentativos?

O sistema inventado pelo enólogo Mensio parecia dar a resposta.

Reconhecido como o sistema mais tradicional e adequado para a produção de asti artesanalmente, consistia no empobrecimento dos teores de nitrogênio assimilável do mosto-base, componente fundamental na formação do protoplasma das células na fase de reprodução. Por meio desse empobrecimento, obtinha-se a estabilidade do produto, mantendo inalteradas suas características de aroma e sabor tão típicos. Os teores iniciais de nitrogênio total, situados entre 250 e 350 mg/litro, eram levados por sucessivas multiplicações e filtrações, a valores inferiores a 50 mg/litro, insuficientes para permitir a multiplicação de leveduras.

O "asti" brasileiro

No Brasil, conforme mostraremos a seguir, produz-se um espumante idealizado a partir do asti desde 1978. Por ser elaborado com uva Moscatel com menor maturação, este espumante é mais fresco e nervoso que o italiano, e, devido à acidez mais marcante, transmite a sensação de menor doçura, apesar do alto teor de açúcares. É mais fácil de consumir.

A Lei 10.970, de 12 de novembro de 2004, conhecida como Lei do Vinho brasileiro, define assim o irmão gêmeo do asti italiano:

Vinho Moscato Espumante ou Moscatel Espumante: "É o vinho cujo anidrido carbônico provém da fermentação em recipiente fechado, de mosto ou mosto conservado de uva Moscatel, com uma pressão mínima de 4 (quatro) atmosferas a 20°C e com um teor alcoólico de 7% a 10% em volume e no mínimo 20 gramas de açúcar remanescente".

No ano de 1978, o mercado brasileiro conheceu o primeiro Moscatel Espumante elaborado na Serra Gaúcha, em Garibáldi: o Asti Spumanti MARTINI.

A iniciativa foi da Martini e Rossi, empresa italiana produtora do famoso *vermut*, que iniciara suas atividades vitivinícolas na cidade de Garibaldi em 1973, com a elaboração do espumante De Gréville. Com a contribuição de técnicos italianos e a aprovação da matriz na cidade de Torino – Itália, a equipe local da qual formei parte e tive o privilégio de dirigir, começou a desenvolver o projeto do ASTI BRASILEIRO no ano de 1976, incentivados e apoiados pelo Diretor-Presidente na época, Sr. Francesco Retti, responsável pelos lançamentos de produtos inovadores das décadas de sessenta e setenta, como os vinhos Château Duvalier e Baron de Lantier e o espumante De Gréville.

A ideia era produzir um Moscatel Espumante no estilo do ASTI italiano, que seria comercializado com a mesma apresentação na comunidade italiana do Estado de São Paulo. Com a missão de aplicar nesse espumante de uma única fermentação a metodologia utilizada na região de origem do asti, no Piemonte italiano, o grupo iniciou os estudos da matéria-prima disponível, da técnica a ser utilizada e dos investimentos necessários.

O ASTI BRASILEIRO, 1978-1982: Lançado com êxito em outubro de 1978, o primeiro Moscatel Espumante, que tinha a apresentação exatamente igual à do homônimo italiano, cumpriu todas as expectativas do ponto de vista de qualidade e resposta do mercado. Foi muito bem aceito nas regiões com forte presença de italianos, mas teve dificuldades em outras, devido ao desconhecimento dos consumidores: poucas pessoas sabiam que tipo de produto era este chamado simplesmente de *Asti Spumanti*. A marca Martini era nacionalmente conhecida, o produto não. Era necessário um apoio constante às vendas por meio de ações de marketing dirigidas às degustações e apresentações do produto. As vendas foram crescendo anualmente até 1982, quando o Consórcio de Produtores de Asti encaminhou à direção da Martini em Torino, na Itália, uma queixa formal sobre o desrespeito à DOC que sua principal associada fazia no Brasil. O constrangimento que essa queixa criou na Itália fez com que uma decisão drástica fosse tomada: a suspensão imediata da comercialização do primeiro Asti Martini produzido fora do país de origem.

O MOSCATEL ESPUMANTE PROCESSO ASTI, 1988-1994: A descontinuidade da comercialização do asti em 1982 não tirou da direção técnica da Martini Brasil o convencimento de que esse espumante aromático, fácil de tomar, tinha o perfil de produto apreciado pelo mercado brasileiro. Por tal razão e após estudos de mercado, decidiu-se pelo relançamento desse produto, agora identificado como Moscatel Espumante processo Asti sob a marca De Gréville, nessa época reconhecida como produtora de espumantes de alta qualidade. A menção da expressão "processo Asti" no rótulo pretendia relacionar o produto ao original italiano e facilitar sua identificação pelo consumidor.

Os volumes iniciais foram relativamente pequenos, porque era o único Moscatel Espumante comercializado no Brasil, mas sua presença possibilitou que os consumidores descobrissem esse agradável produto, tão adequado ao clima ameno existente em grande parte do país.

Em meados da década de noventa, surgiram outras marcas de Moscatel Espumante que contribuíram para divulgar o produto, aumentando pontos de vendas e presença nas prateleiras. Finalmente, a região produtora da Serra Gaúcha descobrira a potencialidade de um espumante que, apesar de ter surgido utilizando o modelo italiano, apresentava características próprias de frescor, acidez e ligeireza que o tornavam mais fácil de beber que o original.

MOSCATEL ESPUMANTE, 1994 ATÉ HOJE: Os volumes crescentes de comercialização chamaram a atenção novamente do Consórcio do Asti, que, sob o argumento do uso indevido da expressão "processo Asti", encaminhou uma reclamação formal ao Ministério da Agricultura do Brasil e às cantinas produtoras, fazendo ameaças de ações judiciais. Entendendo que devido à consolidação do produto no mercado e ante as argumentações válidas do consórcio, o Ministério recomendou aos produtores locais o abandono da expressão que ocasionara a reclamação e deixou de emitir novos registros de produto. Finalmente, o Brasil decidira identificar esse produto com enorme potencial conforme a legislação local, abandonando definitivamente qualquer associação com o asti da Itália.

Prosecco

O espumante Prosecco é originário da região de Vêneto, na Itália. O nome *Prosecco* corresponde ao nome da uva, muito difundida nessa região, com a qual é elaborado; por essa razão pode ser comercializado fora da região original com esse nome. É um espumante varietal.

Existe também uma DOC, chamada Prosecco di Conegliano Valdobbiadene, situada na região da cidade de Conegliano, sede da Escola de Enologia mais famosa da Itália, dentro da qual é produzido um espumante que segue as regras impostas pelo Consórcio da DOC em relação à produtividade das uvas, origem e técnicas de produção. Os espumantes produzidos fora dessa região seguem as regras gerais dos espumantes.

O espumante Prosecco é produzido pelo método *charmat*, é de graduação alcoólica média, situada entre 10 e 11% em volume e geralmente *brut*. É um espumante ligeiro, fresco e muito agradável.

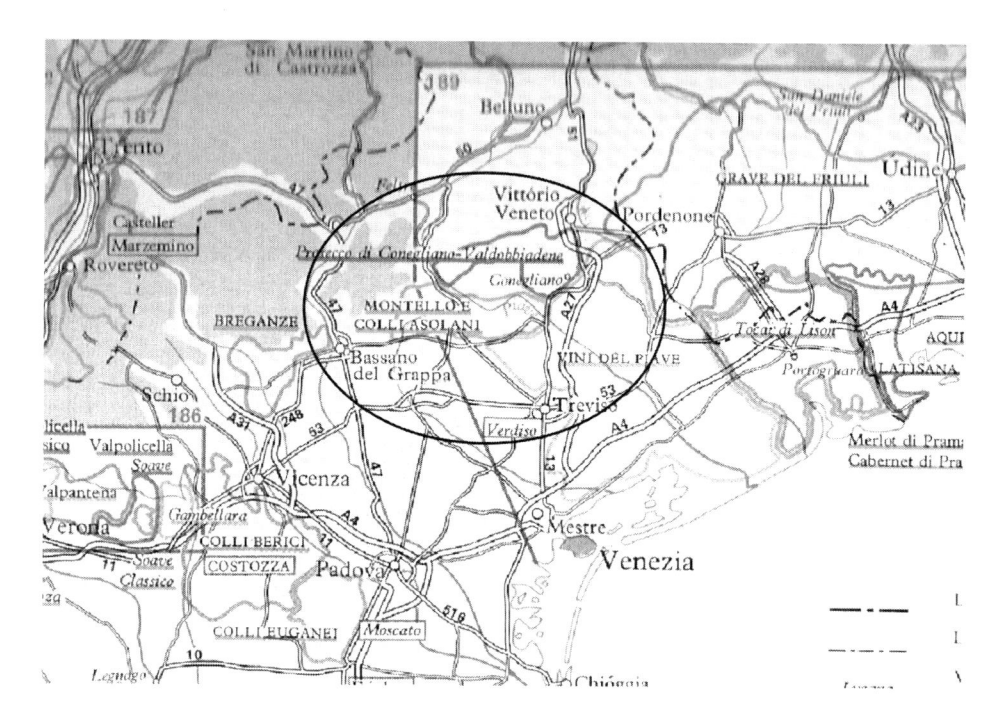

No vêneto, em especial nas regiões compreendidas entre Vittorio Veneto e Treviso, se produz um espumante natural seco e de baixo teor de gás carbônico, elaborado com a uva Prosecco, chamado Frizzantino, muito consumido nos lares da zona. É um espumante tão popular que é comercializado em bares de forma semelhante ao chope, e algumas pessoas levam para suas casas garrafas com resíduos de açúcares para produzi-los caseiramente. Os convidados são recebidos com esse espumante, que é decantado em jarras.

O Prosecco brasileiro

Em fins da década de noventa, houve no Brasil uma forte valorização da cultura italiana, que possibilitou a entrada de alguns produtos originários desse país, como o vinho Valpolicella e o espumante Prosecco. O Estado de São Paulo foi o precursor e o Prosecco rapidamente foi o espumante da moda, muito utilizado por bares e restaurantes na recepção e como aperitivo. Este espumante, que nunca foi destaque das exportações italianas nem era conhecido no mercado brasileiro em 1995, já comercializava mais de 50 mil caixas de 12 unidades em 2000. Na atualidade, mantém entre 120 e 150 mil caixas anuais, sendo um dos principais espumantes importados.

No vácuo desse mercado que surgia, produtores de espumantes do Rio Grande do Sul começaram a elaborá-lo com uvas introduzidas, e não aproveitadas até esse momento, pela Martini e Rossi, na década de oitenta.

Não há legislação específica para este espumante, por tratar-se de um varietal, produzido com a uva mencionada no rótulo. É feito pelo método *charmat*, é seco, fresco e de menor graduação alcoólica que os espumantes tradicionais.

Algumas cantinas, como Salton e Cooperativa Aurora, comercializam volumes importantes de Prosecco.

OS ESPUMANTES NO BRASIL

Poucas bebidas alcoólicas encontram no Brasil melhores condições de produção e de consumo como o espumante.

Este imenso país tem ao sul condições climáticas extremamente apropriadas para produzir uvas que permitem elaborar vinhos espumantes de qualidade superior. Os verões úmidos com presença limitada de sol e luminosidade que impedem a total maturação das uvas, mantendo-as ligeiramente ácidas e pouco doces, e o patrimônio varietal construído durante décadas colocam o Rio Grande do Sul numa situação privilegiada para produzir espumantes de nível internacional. Sem a pretensão descabida de ser considerado o *segundo*, logo atrás da Champagne, ou considerações dessa natureza, a verdade é que os espumantes produzidos no Brasil se destacam pela intensidade aromática, leveza de boca e excelente *perlage* nos produzidos pelo método *charmat* e pela complexidade aromática e gustativa associada à persistência da espuma nos produzidos na própria garrafa pelo método tradicional ou *champenoise*, com longos períodos de maturação.

Junto a essa vocação produtiva, o Brasil oferece condições geográficas que o *condenam* a consumir espumantes em volumes crescentes a cada ano. Clima, culinária e estado de espírito são situações encontradas no imenso litoral que ocupa quase toda a costa brasileira. Essas condições são favoráveis ao consumo desta bebida, que possui somente atributos, é charmosa, sedutora, alegre, festiva, fácil de beber e ainda versátil ao ponto de ser boa companhia junto e fora das refeições.

Notícias recentes informam que em todo o mundo cresceu o consumo de espumantes, chegando a até 30% na Itália. O fenômeno Prosecco permitiu um crescimento fantástico das exportações de espumantes italianos para os novos mercados, como China, Rússia e EUA, com o natural custo qualitativo. São feitos dentro e fora da DOC, sem maiores controles sobre produtividade, origem das uvas, etc. A guerra da competitividade poderá custar caro quando o consumidor novato educar seu paladar.

No Brasil, o consumo aumenta a cada ano e, o que é mais importante: cresce ao longo dos doze meses, o que prova que o espumante deixa de ser uma bebida associada às festividades de fim de ano e começa a ser uma bebida gastronômica, excelente para acompanhar aperitivos, refeições e os petiscos do *happy hour*.

O aumento de consumo nos países produtores alivia a pressão na disputa do mercado brasileiro: Itália, França, Espanha e Argentina aumentam o consumo interno e dirigem todas suas atenções a esse mercado, possibilitando dessa forma um maior crescimento das vendas dos espumantes gaúchos.

Nada mais merecido para quem acreditou e investiu na plantação de uvas, inovação tecnológica e aprimoramento da qualidade.

Felizmente, os espumantes gaúchos estão vencendo preconceitos e surgem como exemplo de produto nacional do qual o brasileiro pode e deve se orgulhar.

Características organolépticas de um bom espumante

A qualidade de um espumante natural, independentemente de sua origem, é resultado de dois fatores:

- qualidade do vinho-base (*assemblage*) utilizado;
- perfeição e domínio do processo de tomada de espuma (segunda fermentação).

Análise visual

COR: dourada pálida, com reflexos amarelo-claros. A presença de tons marrom-claros poderá indicar o uso de *blanc de noirs* ou vinho branco de uvas tintas. É sempre brilhante, podendo se admitir menor brilho nos espumantes obtidos pelo método *champenoise*.

ESPUMA: devemos observar dois aspectos que demonstram que o processo de tomada de espuma foi lento, gradual e controlado:

- *Tamanho da borbulha:* a borbulha deve ser pequena, já que esta característica é resultado de processo lento, controlado. A borbulha pequena se desprende mais lentamente e destaca os aromas.
- *Persistência da espuma:* é o tempo durante o qual o espumante permanece desprendendo gás na taça. O movimento da espuma deve permanecer enquanto o espumante é consumido. Nada mais desagradável que, após alguns segundos, o espumante não desprender mais gás. A persistência se obtém também com processos lentos e controlados de tomada de espuma.

Análise olfativa

Nenhum espumante medíocre passa pela análise olfativa, já que os aromas do vinho-base são destacados pelo gás carbônico. Um vinho-base de baixa qualidade é mostrado por inteiro. O gás carbônico desempenha também papel importante no destaque dos aromas ao se fixar nas bolhas, que arrebentam na superfície do líquido na taça, óleos essenciais e princípios odoríferos. Estes complementam-se com os aromas próprios das leveduras, que não devem ser excessivos.

O movimento do gás dispensa agitar a taça de champanha.

Análise gustativa

Os sabores do vinho-base devem destacar-se. A harmonia acidez/açúcares/gás carbônico se verifica quando nenhum dos três componentes se destaca. Ou seja, no caso de um espumante *brut*, os teores de açúcares são tais que não transmitem o sabor doce, mas neutralizam a agressividade da alta acidez necessária num vinho-base e do gás carbônico.

O serviço do vinho

6

Neste capítulo abordaremos inicialmente alguns aspectos relacionados à aquisição do vinho, por entendermos que a escolha do local de compra e a escolha do próprio vinho exigem do consumidor alguns cuidados importantes.

Saber comprar é tão ou mais importante como saber apreciar.

Importante ter claro que comprar vinho é um ato de risco, do tamanho que somente iremos descobrir ao abri-lo.

Todos os adjetivos e frases de efeito utilizados nos rótulos e contrarrótulos ficarão sem sentido se o vinho não nos agradar.

LOCAL MAIS APROPRIADO PARA COMPRAR

O critério deve ser: comprar preferencialmente nos locais onde o vinho, para chegar nele, tenha percorrido o menor trajeto desde a cantina.

O vinho não é um produto perecível, mas é sensível aos maus-tratos, como temperaturas elevadas e luz natural. São pouquíssimos os estabelecimentos que dão ao vinho os cuidados devidos; por isso devemos prestar atenção para não sermos vítimas de nossos erros.

VAREJO DAS CANTINAS: é o melhor local, porque evitamos tudo o que foi dito acima. Ainda, vez por outra, se encontram preços melhores do que os do comércio. A recomendação é: esvazie o porta-malas de seu carro e parta com sua família a percorrer os varejos das regiões produtoras. Aproveite para passear, comer um bom prato, acompanhado de um bom vinho.

SUPERMERCADOS: é local excelente para adquirir vinhos, já que o supermercado lucra com o giro da mercadoria, e isso é garantia de que dificilmente encontraremos vinhos muito velhos. Devemos selecionar nas proximidades de nossa residência o supermercado que tem um bem frequentado setor de bebidas. Procure conhecer o encarregado; ele poderá lhe dar informações preciosas sobre a próxima chegada de um importado digno de se conhecer ou de uma nova safra do nacional de sua preferência. Na visita ao varejo das cantinas, devemos adquirir os vinhos que temos dificuldade de achar nos supermercados. O vinho de consumo diário, familiar, pode ser adquirido no supermercado.

PROMOÇÕES: devemos prestar atenção. Recomendamos adquirir uma garrafa, correr para casa, degustá-la e, se for boa, voltar ao supermercado e comprar o que puder.

CASAS ESPECIALIZADAS: verificar em que vinhos se especializam, nacionais, importados ou ambos. Finja que não viu qualquer garrafa empoeirada, escondida de pé na parte posterior da prateleira. Poderá ser uma bomba de efeito retardado.

MERCEARIAS, MERCADINHOS, ETC.: por melhor que seja a oferta das garrafas engorduradas, de pé, expostas à luz em prateleiras longe do alcance da mão dos mortais, fuja ou adquira qualquer coisa menos vinho.

Uma dificuldade a enfrentar quando se deseja adquirir vinho são as prateleiras quilométricas, que mostram uma enorme variedade, que se diferencia pela cor da garrafa, pelos rótulos, pelos nomes estranhos, pelo preço, pelo tamanho, etc. Na embalagem, poderemos ter algumas informações de certa utilidade. Naturalmente, nenhuma informação ou peça da embalagem garante qualidade. Somente transmite informações.

> **LEMBRE-SE:** Saber comprar é tão ou mais importante que saber apreciar.

A APRESENTAÇÃO DO VINHO

Os elementos que compõem a embalagem do vinho são:

- a garrafa
- o(s) rótulo(s)
- a rolha
- a caixa
- a cápsula

A garrafa

FORMATO: Existem garrafas de formato tradicional e de formato fantasia. As garrafas de formato tradicional são aquelas que seguem dimensões e forma internacionais, encontradas nos diversos vinhos dos diferentes países. Uma delas é a garrafa *bordeaux* ou bordalesa, originária da região de Bordeaux, na França, que antigamente se utilizava principalmente para os vinhos tintos e atualmente para qualquer vinho. Essa garrafa, mostrada na figura, é cilíndrica na maior parte de seu corpo e possui um ombro acentuado, que impede ou não recomenda a utilização do colarinho ou meia-lua.

A garrafa borgonha ou borguinhona, como mostra a figura adiante, tem um ombro mais suave e longo e o corpo cilíndrico ocupa metade do total. É tradicional da região da Borgonha, na França. A garrafa reno ou renana é a garrafa tradicional da Alemanha, de pouco diâmetro e ombro pouco acentuado. É utilizada somente para vinhos brancos, sendo geralmente *vestida* com três peças: rótulo, contrarrótulo e colarinho.

Por último, temos a garrafa champanheira, que obedece a um formato utilizado em todos os países do mundo. O fundo *chupado* surgiu antigamente, quando era feita usando a técnica do sopro, para dar maior resistência. Atualmente, com a tecnologia que desenvolveram as vidrarias, não tem mais essa função; a razão é somente estética, salvo nas garrafas utilizadas para produzir espumante pelo método *champenoise*, quando, no momento prévio à retirada das impurezas, se colocam as garrafas na chamada *pilha de boca*, ou seja, na posição vertical, invertidas, apoiando no fundo da garrafa inferior a boca da garrafa superior.

As garrafas de formato fantasia são aquelas que obedecem ao desenho do usuário, geralmente exclusivo. Um exemplo seria a garrafa do Château Duvalier.

PELO FORMATO

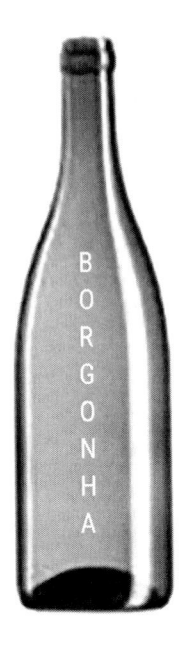

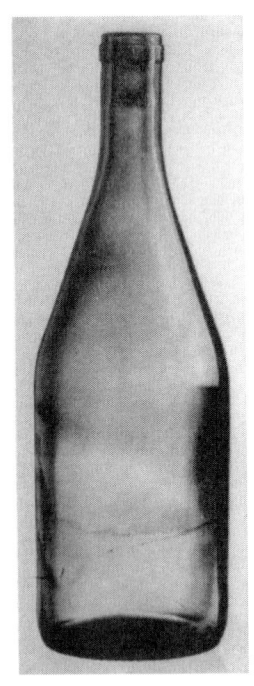

BORDELESA   BORGONHA   RENO   ESPUMANTE

Garrafa fantasia

TAMANHO: existem tamanhos com conteúdos padronizados:
185 ml = miniatura, utilizada para atender as companhias aéreas.
375 ml = meia-garrafa, utilizada para bares e restaurantes.
750 ml = garrafa inteira.
1.500 ml = garrafa *magnum* (comporta o conteúdo de duas inteiras).

COR: as cores, em ordem crescente de grau de transmitância ou passagem da luz, são azul, âmbar, verde e branca. A cor verde é a mais tradicional, sendo utilizada na maior parte dos vinhos. A garrafa azul está na moda, especialmente para os vinhos alemães ou tipo alemães, sempre brancos e adocicados.

Tamanhos de garrafa: meia, inteira e *magnum*.

A rolha

A rolha de vinho é de cortiça, que é o tecido vegetal produzido pela base suberofedolérmica do alcornoque *Quercus suber*, também conhecido como carvalho-corticeiro. É uma espécie polimorfa, que se distingue dos outros carvalhos por ter as seguintes características:

- extraordinário desenvolvimento alcançado pela camada suberosa do tronco e dos galhos;
- aptidão da árvore para criar uma nova camada felógena quando é retirada a capa de proteção;
- homogeneidade, pureza do tecido suberoso e suas notáveis propriedades físicas, químicas e mecânicas.

Para os que acham que a cortiça está se extinguindo, diremos que dificilmente, já que é uma árvore tratada com muito esmero, de longa vida, que dá sua primeira safra após trinta anos e continua produzindo até completar cerca de 200 anos.

Essa árvore se dá naturalmente na região do Mediterrâneo ocidental, onde, por influência do Atlântico, se dão as melhores condições climáticas: Itália (Sicília e Sardenha), sul da França, Espanha, Portugal, Argélia, Marrocos

Colheita da matéria-prima da rolha.

O corte das rolhas.

ROLHA
Seca – Corte
Em dois dias se secam em ambiente estéril.
Depois são cortadas e selecionadas.

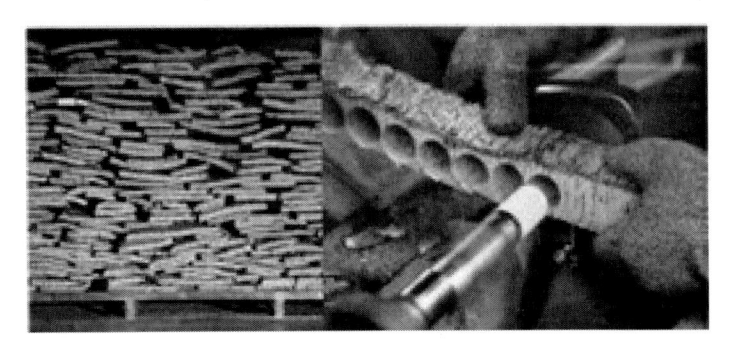

e Tunísia. Nessa região chove entre 400 e 800 mm ao ano e a temperatura nunca é inferior a –5°C. Os maiores produtores são Portugal e Espanha, seguidos por Argélia e Marrocos.

A cortiça utilizada para a fabricação das rolhas é a camada formada como um envoltório suberoso no tronco da árvore. Esse envoltório, que ganha grossura a cada ano, é retirado após 9-12 ou 15 anos, quando tem uma largura de aproximadamente 30 mm. Essa casca é secada e cortada em pedaços de aproximadamente 40-50 mm, conforme o comprimento da futura rolha. A foto acima mostra como são cortadas as rolhas.

As características mais interessantes da cortiça são:

- IMPERMEABILIDADE: a suberina e a cera dão perfeita impermeabilidade, por isso seu poder de vedação.
- ELASTICIDADE: após comprimida, a cortiça recupera imediatamente 85% de seu volume inicial e após 24 horas, 94%.
- RESISTÊNCIA AO DESGASTE: seu tamanho pode ser reduzido à metade por compressão, sem perda de elasticidade.
- COEFICIENTE DE "POISSON": é o único sólido com a propriedade de poder ser comprimido sem apresentar dilatação lateral.

TIPOS DE ROLHAS: as rolhas utilizadas na indústria vitivinícola podem ser de cortiça natural, como já vimos acima, ou de aglomerado. As rolhas de aglomerado, mais econômicas que as de cortiça natural, são fabricadas com cortiça moída e compactada.

ROLHA
Os tipos conforme tamanho e material

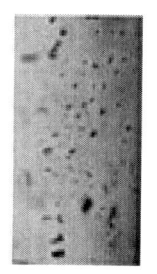

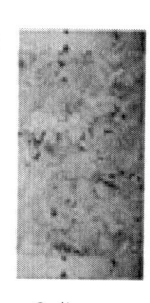

Natural   Aglomerada   2 discos   Espumante

Como a rolha tem por finalidade proteger o vinho, seu tipo e suas dimensões variam conforme a tarefa dada a ela.

Dimensões das rolhas: o diâmetro mais utilizado é o de 24 mm, adequado para ser utilizado em garrafas com diâmetro de boca de 3/4 dessa medida, ou 18 mm.

O comprimento irá variar conforme o vinho seja de consumo rápido ou de guarda. Para os vinhos de consumo rápido, basta um comprimento de 38-40 mm, podendo ser de cortiça natural ou aglomerada. Para os vinhos de guarda, a rolha deve ter dimensões de 44-50 mm e ser sempre de cortiça natural, para evitar possíveis vazamentos ou transmissão de gosto.

Outros tipos de fechamento

Com o aumento da venda de vinhos *correntes* em todo o mundo e o surgimento de novas regiões produtoras, a demanda por rolhas e fechamentos de baixo custo aumentou consideravelmente. Inicialmente, por falta de alternativas, foram criadas as rolhas de cortiça aglomerada, que eram feitas aproveitando as sobras das rolhas de qualidade, moídas e coladas. Claro que essas rolhas não eram indicadas para vinhos de qualidade, muitas vezes guardados em cantina ou nas adegas particulares dos apreciadores. A classificação da matéria-prima é quase artesanal, visual, em função dos *furos* ou imperfeições.

Também surgiram como alternativa as rolhas colmatadas, que são rolhas com imperfeições que não passaram no crivo da seleção, nas quais foi colocada uma massa que fecha os furos. Não progrediu e ficou sendo pouco usada.

CÁPSULA ou FECHAMENTO
Os tipos em função do uso

Screw cap: ou tampa de rosca, muito utilizada para brancos e vinhos de consumo rápido.

O setor, na busca de formas de fechamento confiáveis e com o avanço na tecnologia dos materiais plásticos, consegue desenvolver a rolha sintética, quase perfeita, inerte a sabores, permeável como a cortiça. No mercado brasileiro começaram a chegar vinhos de qualidade a preços competitivos com esse tipo de fechamento, em especial do Chile, o maior exportador. A desconfiança e o preconceito são vencidos, e hoje o consumidor aceita essa tampa em vinhos de consumo rápido.

Finalmente, chega ao mercado um fechamento muito eficaz, fácil de manusear, extremamente eficaz como vedante e bonito: fechamento de rosca ou *screw cap*.

A cápsula

Esta peça é utilizada para proteção da boca da garrafa e da rolha. Ela não tem função vedante, apesar de que a cápsula de chumbo protege de certa forma a porosidade da rolha. Existem três cápsulas, conforme o tipo de material utilizado para sua fabricação:

CHUMBO: é a mais tradicional. Hoje está sendo substituído pelo estanho. A comunidade vitivinícola internacional, por meio de sua entidade maior, que é a OIV – Office International du Vin, recomenda a todas as indústrias vinícolas do mundo o abandono desta cápsula a partir de janeiro de 1996. Essa atitude foi tomada em respeito à ecologia, já que todo esse material é jogado no lixo, poluindo solos e águas. O material que provavelmente substituirá o chumbo é o estanho.

PLÁSTICO TERMORRETRÁTIL: estas cápsulas ganham adeptos a cada ano, pela boa apresentação e baixo preço.

ALUPOLI: é material formado por um sanduíche de plástico e alumínio. Tem apresentação quase idêntica ao chumbo, sendo muito utilizada nas cápsulas de champanha.

O rótulo

O número máximo de peças que compõem a rotulagem de uma garrafa de vinho é três: rótulo de corpo, contrarrótulo e colarinho.

A presença da terceira peça, o colarinho, responde a necessidades mais estéticas que práticas, já que no rótulo e contrarrótulo vão todas as informações necessárias.

Pela leitura do rótulo e especialmente do contrarrótulo, poderemos obter informações interessantes.

Geralmente, o rótulo de corpo ou principal reserva seu espaço para a marca, o tipo de vinho, a graduação alcoólica e o conteúdo, que merecem maior destaque. O contrarrótulo nasceu da necessidade de dispor de outra peça para colocar o enorme número de informações obrigatórias. Dessa forma, evita-se poluir de informações pouco visíveis o rótulo principal.

O Ministério da Agricultura, pela Lei de Vinhos, determina e fiscaliza o cumprimento das normas relacionadas à rotulagem dos vinhos e dos derivados da uva e do vinho. Existem informações que devem constar, portanto são obrigatórias, e informações optativas, ou seja, a empresa vitivinícola coloca se quiser.

COMENTÁRIOS SOBRE A LEGISLAÇÃO DE VINHOS NO BRASIL (importante como cultura geral)

A lei que rege a vitivinicultura brasileira é a de n.º 7.678, de 8 de novembro de 1988. Essa lei se destacava por ser omissa na classificação dos vinhos, que eram divididos entre DE MESA, elaborados com uvas americanas, e os FINOS, com uvas de origem europeia.

A Lei n.º 10.970, de 12 de novembro de 2004, alterou a Lei de Vinhos n.º 7.678, de 8 de novembro de 1988, no que se refere à definição dos tipos de vinhos, como segue:

Rótulo de corpo (100,00 mm × 90,00 mm)

BARON
Adolfo Lona
Assemblage
CABERNET SAUVIGNON - MERLOT - TANNAT
2020
750ml   VINHO FINO TINTO SECO   13,9%vol.

Colarinho

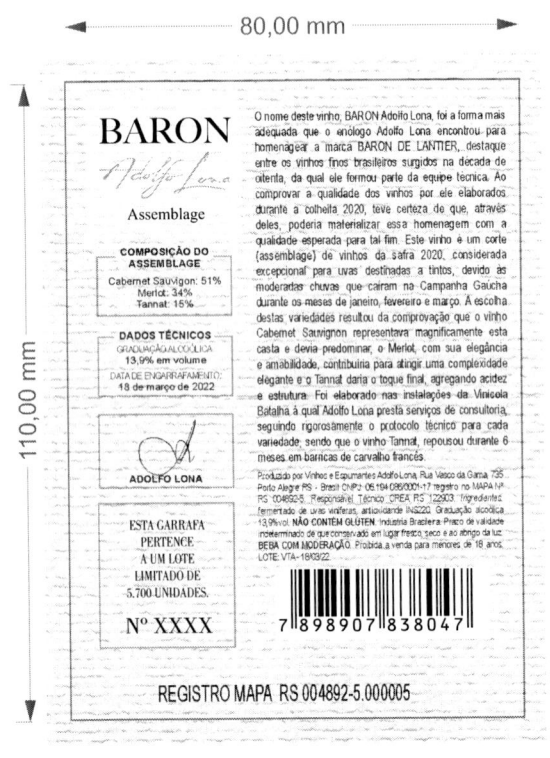

RESERVA **D** ESPECIAL

Peças que compõem o rótulo.

Contrarrótulo (80,00 mm × 110,00 mm)

BARON
Adolfo Lona
Assemblage

COMPOSIÇÃO DO ASSEMBLAGE
Cabernet Sauvignon: 51%
Merlot: 34%
Tannat: 15%

DADOS TÉCNICOS
GRADUAÇÃO ALCOÓLICA
13,9% em volume
DATA DE ENGARRAFAMENTO:
18 de março de 2022

ADOLFO LONA

ESTA GARRAFA
PERTENCE
A UM LOTE
LIMITADO DE
5.700 UNIDADES.

Nº XXXX

O nome deste vinho, BARON Adolfo Lona, foi a forma mais adequada que o enólogo Adolfo Lona encontrou para homenagear a marca BARON DE LANTIER, destaque entre os vinhos finos brasileiros surgidos na década de oitenta, da qual ele formou parte da equipe técnica. Ao comprovar a qualidade dos vinhos por ele elaborados durante a colheita 2020, teve certeza de que, através deles, poderia materializar essa homenagem com a qualidade esperada para tal fim. Este vinho é um corte (assemblage) de vinhos da safra 2020, considerada excepcional para uvas destinadas a tintos, devido às moderadas chuvas que caíram na Campanha Gaúcha durante os meses de janeiro, fevereiro e março. A escolha destas variedades resultou da comprovação que o vinho Cabernet Sauvignon representava magnificamente esta casta e devia predominar; o Merlot, com sua elegância e amabilidade, contribuiria para atingir uma complexidade elegante e o Tannat daria o toque final, agregando acidez e estrutura. Foi elaborado nas instalações da Vinícola Batalha, à qual Adolfo Lona presta serviços de consultoria, seguindo rigorosamente o protocolo técnico para cada variedade, sendo que o vinho Tannat, repousou durante 6 meses em barricas de carvalho francês.

Produzido por Vinhos e Espumantes Adolfo Lona, Rua Vasco da Gama 735, Porto Alegre RS - Brasil CNPJ: 05.194.086/0001-17 registro no MAPA Nº RS 0046925. Responsável Técnico CREA RS 122903. Ingredientes: fermentado de uvas viníferas, antioxidante INS220. Graduação alcoólica 13,9%vol. NÃO CONTÉM GLÚTEN. Indústria Brasileira. Prazo de validade indeterminado desde que conservado em lugar fresco, seco e ao abrigo da luz. BEBA COM MODERAÇÃO. Proibida a venda para menores de 18 anos. LOTE: VTA-18/03/22.

7 898907 838047

REGISTRO MAPA RS 004892-5.000005

> Artigo 9.º: Vinho de mesa é o vinho com teor alcoólico de 8,6% a 14% em volume, podendo conter até uma atmosfera de pressão.
>
> § 1.º: Vinho frisante é o vinho com teor alcoólico de 7% a 14% em volume e uma pressão entre 1,1 e 2 atmosferas, natural ou gaseificado.
>
> § 2.º: Vinho fino é o vinho de teor alcoólico de 8,6% a 14% em volume, elaborado mediante processos tecnológicos adequados que assegurem a otimização de suas características sensoriais e exclusivamente com uvas das variedades *Vitis vinifera* do grupo Nobres a serem definidas em regulamento.
>
> § 3.º: Vinho de mesa de viníferas é o vinho elaborado exclusivamente com uvas das variedades *Vitis vinifera*.
>
> § 4.º: Vinho de mesa de americanas é o vinho elaborado com uvas do grupo de uvas americanas e/ou híbridas, podendo conter vinhos de variedades *Vitis vinifera*.
>
> § 5.º: Nos rótulos dos vinhos será permitida a utilização de expressões clássicas internacionalmente usadas, previstas no regulamento desta Lei, bem como alusões a peculiaridades específicas do produto ou de sua elaboração.
>
> § 6.º: No rótulo do vinho fino será facultado o uso simultâneo da expressão "de mesa".

Essas definições são um avanço em relação às antigas, que somente previam vinho fino (*Vitis vinifera*) e vinho de mesa (americanas e/ou híbridas), já que ampliam as alternativas do uso de diferentes espécies de uva.

As variedades de uvas americanas são mais produtivas e mais resistentes às doenças e às condições climáticas desfavoráveis. As variedades europeias exigem maiores cuidados, sem contar que a alta produtividade prejudica a qualidade.

As variedades americanas são plantadas em pé-franco ou diretamente na terra, enquanto que as europeias, para serem protegidas da ação da *filoxera*, que é um inseto que ataca sua raiz, devem ser enxertadas, como já explicado.

Mas como no Brasil às vezes o setor tem uma recaída, em 2018, a Instrução Normativa n.º 14, de 8 de fevereiro, com a intenção de criar novos tipos, permitiu que surgissem novas classificações. Os conceitos de vinhos RESERVA e GRANDE RESERVA eram uma necessidade para disciplinar o uso desses termos utilizados pelas vinícolas livremente, sem o menor critério, e uma forma de adequar a legislação local às legislações internacionais. Até aí, tudo bem. Mas era necessário ser mais criativo, mais audacioso, mais inovador. E o desastre aconteceu.

Vejam o que dizem alguns artigos desta IN.

Art. 30: Em função de características adicionais de qualidade, o vinho fino e o vinho nobre, produzidos em território nacional, podem ser classificados como:

§ 1.º: Reservado: vinho jovem pronto para consumo, com graduação alcoólica mínima de 10% vol.

> **Comentário:** Com essa definição tão restritiva, todos os vinhos brasileiros têm direito, já no dia seguinte, ao fim da fermentação, a serem classificados como Reservados.
>
> O conceito de Reservado foi criado pelo Chile, sem incorporá-lo na sua legislação, especialmente para o mercado brasileiro. Não há nenhum tipo de exigência técnica e chega ao Brasil fantasiado de "vinho especial". O Brasil, pelo fato de não existir na legislação interna, poderia ter proibido a importação. No lugar disso, além de legalizar um vinho "sem pai nem mãe", permitiu que o vinho nacional também praticasse esse engodo.

§ 2.º: Reserva:

I – Quando o vinho tinto, com graduação alcoólica mínima de 11% (v/v), passar por um período mínimo de envelhecimento de doze meses, sendo facultada a utilização de recipientes de madeira apropriada. Vinho jovem pronto para consumo, com graduação alcoólica mínima de 10% vol.

II – Quando o vinho branco ou rosado, com graduação alcoólica mínima de 11% (v/v), passar por um período mínimo de envelhecimento de seis meses, sendo facultada a utilização de recipientes de madeira apropriada.

> **Comentário:** Com essas exigências, todos os vinhos brasileiros terão direito, no ano seguinte à sua elaboração, a serem classificados como Reserva.

> Com esse absurdo todos os vinhos novos poderão ser Reserva, transformando essa classificação em algo sem credibilidade. O triste é que bastava copiar e/ou bem adaptar as definições europeias, que exigem 2 ou 3 anos de envelhecimento, sendo pelo menos 1 em barricas de carvalho. Nesses vinhos (vejam que absurdo!) é permitida a chaptalização em até 1% (v/v).

§ 3.º: Gran Reserva:

I – Quando o vinho tinto, com graduação alcoólica mínima de 11% (v/v), passar por um período mínimo de envelhecimento de dezoito meses, sendo obrigatória a utilização de recipientes de madeira apropriada de no máximo seiscentos litros de capacidade por um período mínimo de seis meses.

II – Quando o vinho branco ou rosado, com graduação alcoólica mínima de 11% (v/v), passar por um período mínimo de envelhecimento de doze meses, sendo obrigatória a utilização de recipientes de madeira apropriada de no máximo seiscentos litros de capacidade por um período mínimo de três meses.

> **Comentário:** Infelizmente, o Brasil decidiu seguir o caminho do Chile, que não define estes vinhos na legislação, e da Argentina, que os define com leve aumento dos períodos de envelhecimento.
>
> Nestes vinhos é vedada a chaptalização, ainda bem!

Mas calma, a capacidade criativa ainda não acabou na IN n.º 14. Vejam isto:

Art. 34: Vinho Nobre: São classificados e denominados vinhos nobres, aqueles elaborados no território nacional exclusivamente a partir de uvas da espécie Vitis vinifera *que apresentarem teor alcoólico de 14,1% a 16% em volume.*

> **Comentário:** Consagrando a máxima "vinho para ser bom tem de ter mais de 14% de álcool", nossos legisladores setoriais criam outra bobagem. Que deve existir a classificação VINHO NOBRE até é aceitável, agora não ter

> nenhum tipo de exigência em relação à matéria-prima (rendimento, variedades, etc.) ou tecnológica parece inadequado. Por que acima de 14%? Por que um vinho não pode ser NOBRE com 13,50%? E por que a exigência de até 16% e não 15%?
>
> Por que não se cria esse tipo tendo como teor alcoólico de 13% a 15%? Qual o fundamento técnico? Por que a única exigência é a graduação alcoólica?
>
> É uma pena que, quando se fazem alterações na legislação vigente, se façam para piorá-la.

Informações obrigatórias

1. Marca do produto.
2. Nome do estabelecimento produtor e engarrafador.
3. CNPJ e endereço do produtor e/ou engarrafador. Se a região de produção for diferente da de engarrafamento, deverá constar: Procedência: Serra Gaúcha. Engarrafamento: Fronteira.
4. País de origem (indústria brasileira).
5. Conteúdo líquido em mililitros (ml). Para o Mercosul, será em centilitros (cl). Essa informação deve ser colocada obrigatoriamente no rótulo principal.
6. Registro do produto no MARA. Todos os produtos devem ser encaminhados previamente para serem analisados e aprovados, e recebem um número de registro.
7. Classificação do vinho em relação a sua classe:
   Conforme a legislação vigente, que descrevemos anteriormente.
8. Classificação do vinho em relação à cor: TINTO, ROSADO (OU ROSÊ) e BRANCO.
9. Classificação do vinho em relação aos teores de açúcares: SECO, DEMI-SEC e SUAVE.
10. Graduação alcoólica em graus GL, que é a percentagem de álcool etílico em volume, ou seja, um vinho de 11,20 GL tem 112 mililitros de álcool etílico por litro.

CLASSIFICAÇÃO DOS VINHOS NO BRASIL EM RELAÇÃO AOS TEORES DE AÇÚCARES

Produto	Denominação legal	Teores (gramas/litro)
VINHOS	Seco *Demi-sec* Suave	até 5 de 5,1 a 20 acima de 20
ESPUMANTES	*Nature* *Extra-brut* *Brut* Seco *Demi-sec* Doce	até 3 >3 até 8 >8 até 15 >15 até 20 >20 até 60 >60

Na prática, a graduação alcoólica do vinho é relativamente baixa, já que representa aproximadamente duas vezes a graduação da cerveja e 1/4 da graduação dos destilados, como conhaque, uísque ou vodca.

11. Informações relacionadas ao Código do Consumidor, que são:
    - Composição: em virtude da complexidade e quantidade dos componentes do vinho, optou-se pela seguinte frase: *Fermentado de uvas.*
    - Prazo de validade: na realidade, esta exigência é válida para produtos perecíveis, e o vinho não é. Como seria possível determinar o prazo de validade de um vinho? O vinho não muda sua composição com o passar do tempo. Pode ser jovem, maduro, velho ou muito velho, mas jamais alterar sua composição, salvo quando é mal conservado e provocamos a entrada de ar pela rolha: neste caso, seu caminho é o vinagre. Por essas razões, o Ministério da Justiça achou por bem colocar uma frase: *Válido por prazo indeterminado sempre que conservado em lugar fresco, seco e ao abrigo da luz.* Ou seja, até o consumo, sempre que conservado corretamente.
    - Advertência sobre os riscos do consumo excessivo de álcool: *Consumir com moderação.*

    Esta frase atende à necessidade de advertir as pessoas sobre os excessos, apesar de que o vinho pouca relação têm com o alcoolismo, em virtude de ser companheiro das refeições e motivo de prazer para quem o consome. Excesso e vinho jamais devem ser associados.

Informações facultativas

Como já dissemos, estas informações podem ser colocadas. No entanto, para fazê-lo, o elaborador deve cumprir os requisitos exigidos pelo Ministério da Agricultura.

1. **VARIEDADE DA UVA.** Os vinhos que declaram a variedade da uva com a qual foram elaborados são conhecidos como *vinhos varietais* e os que não o fazem, *vinhos genéricos*. Para fazê-lo, a empresa vitivinícola deve comprovar junto ao órgão fiscalizador a existência do vinho na cantina e a presença no produto de no mínimo 75% da variedade citada. O saldo deve ser completado com vinho(s) de variedades pertencentes à mesma espécie, ou seja, uma variedade *Vitis vinifera* jamais poderá ser misturada com uma da espécie americana.

Por que 75% e não 100% da variedade citada?
Essa determinação é orientada nas legislações internacionais, que pretendem assegurar ao consumidor que a variedade citada prevalece, mas deixam ao técnico-enólogo responsável a liberdade de poder complementar seu produto com outros vinhos.

Rótulo de vinho varietal.

Na realidade, trata-se de não frustrar a possibilidade de obter um produto superior, já que está comprovado que a presença em pequenas percentagens de alguns vinhos complementa a qualidade do produto final. Lembramos alguns cortes ou misturas consagrados mundialmente:

- *Château-Margaux:* aproximadamente 75% de Cabernet Sauvignon, 20% de Merlot e 5% de Petit Verdot e Cabernet Franc.
- *Château-Pétrus:* aproximadamente 95% de Merlot e 5% de Cabernet Franc.
- *Château-Latour:* aproximadamente 80% de Cabernet Sauvignon, 10% de Merlot e 10% de Cabernet Franc.

O fato de declarar ou não a variedade é irrelevante. Repetimos que nenhuma declaração garante qualidade. Somente desempenha papel informativo. Você deve ser o juiz da qualidade do vinho adquirido.

2. **SAFRA OU VINDIMA**: é a declaração do ano da colheita da uva. A legislação determina que o/os vinho/os devem ser 100% provenientes do ano declarado.

FORMAÇÃO DA ADEGA

Antes de pensar em montar uma adega, pergunte-se: vale a pena?

Com a variada oferta de vinhos nos pontos de venda é fácil se abastecer quase que diariamente sem necessidade de guardá-los em casa. Se o seu consumo for pequeno e não costuma adquirir vinhos antecipadamente, não forme a adega; basta um pequeno armário. Se, ao invés disso, você consome regularmente e gosta de manter alguns vinhos especiais em casa, projete sua adega seguindo as recomendações abaixo:

1. O tamanho de sua adega deve corresponder ao tamanho de seu consumo, nem muito maior nem muito menor. Devemos lembrar que a adega é um local de conservação dos vinhos e não de envelhecimento. A adega existe para nos servir e não como motivo de pesadelo ou preocupação. Você já imaginou ter uma adega de 2.000-3.000 garrafas e você consumir 200 ou 300 por ano? Você terá pesadelos com garrafas de vinho que ficam velhas

sem serem consumidas. Uma adega tem valor pela qualidade dos vinhos armazenados e não pela quantidade. Pense se não seria melhor duas garrafas de um bom Chardonnay nacional que duas caixas de um adocicado e duvidoso branco alemão Liebfraumilch; ou uma garrafa de um bom Cabernet Sauvignon, Syrah, ou outro tinto confiável nacional no lugar de seis de um Bordeaux genérico.

2. Evite guardar ou servir vinhos que você não conhece. Para isso, no período de formação da adega, procure ser o mais curioso possível. Existe uma única forma de conhecer os vinhos de sua adega: bebê-los. Se a questão é selecionar os melhores (ou os mais adequados ao seu gosto pessoal) Cabernet Sauvignon brasileiros, devemos degustá-los todos, se possível comparativamente. Aí você irá descobrir qual é o mais ligeiro, o mais encorpado, o que foi amadurecido em carvalho, o mais apropriado para pratos mais fortes ou fracos, etc. Isso se aplica a todos os vinhos, incluídos os importados.

Naturalmente, existem vinhos considerados *hors-concours*. Cabe a você descobri-los.

Caixa com as garrafas na posição horizontal.

3. Antes de se perguntar "devo guardar este vinho?", você deve perguntar-se "merece ser guardado, o vinho ganha ou perde com isso?".
4. Formar juízo certo sobre vinhos, tornar-se um bom apreciador e não um simples bebedor de rótulos, exige investimento. Investimento em tempo, dinheiro e atenção. Ninguém domina um tema ou aprecia qualquer manifestação cultural (e o vinho é cultura) sem o devido preparo. Tocar violão é relativamente simples: basta se empenhar.
5. Nunca julgue que sabe tudo. A educação do paladar aos sabores particulares dos infinitos tipos de vinho demanda tempo. Seja paciente e jamais perca a curiosidade. Procure entender cada um dos vinhos e sua proposta.

    Entenda, por exemplo, que a proposta de um Valpolicella italiano é de um vinho relativamente jovem (por isso não é recomendável guardá-lo), que um Rioja espanhol tinto é um vinho envelhecido e com acentuado gosto e aroma de carvalho, que um branco Verde português é ligeiro, ácido.
6. Não tenha preconceitos. A verdade sobre todos os vinhos se mostra transparente numa vitrine maravilhosa: o copo. Tanto os vinhos nacionais como os importados podem nos reservar magníficos momentos ou desagradáveis surpresas. Achar antecipadamente que um vinho é bom por ser francês, italiano ou até brasileiro é no mínimo um atestado de ignorância.

COMO FORMAR A ADEGA

Que guardar

- Em quantidade maior e em posição de fácil acesso os vinhos diários. Quem tem o hábito do consumo de vinhos, diariamente nas refeições, ou um copo no jantar, deve reservar um lugar privilegiado na adega para eles. Geralmente são vinhos de relativa simplicidade, honestos e com boa relação preço-qualidade. Esses vinhos podem até permanecer na caixa. Basta colocá-la invertida, com as garrafas de boca para baixo.
- Uma ou duas garrafas, no máximo, de vinhos que você não conhece e que irá degustar proximamente.
- Primícias ou vinhos já aprovados. Quantidades variáveis conforme sua preferência e oportunidade. Por exemplo: vinhos de safras excepcionais, de regiões de pequena produção, muito típicos, etc.

Adega clássica.

- Vinhos brancos, espumantes e tintos jovens: pequenas quantidades. Lembre que poucos vinhos dessas categorias conseguem superar, em boas condições, muitos anos de estocagem em adega.
- Vinhos tintos de guarda: em maior quantidade, especialmente se se trata de vinhos robustos, encorpados e com potencialidade para evoluir bem na garrafa.

Os que devo ter, sim ou sim

Dois produtos que recomendo estejam sempre disponíveis:

- Uma caixa de *bag in box*, para o consumo do copo diário, sem estresse, sem preocupação sobre a conservação, perfeito para atender essa necessidade. Existem bons vinhos nacionais e importados. Experimente e escolha o seu, depois seja feliz.
- Uma garrafa de espumante conservada na porta da geladeira, na parte baixa, lá junto aos refrigerantes, água mineral. Perfeita para receber

nobremente uma visita inesperada. Imaginou receber esse casal amigo com um cafezinho, um copo de água ou uma brahma? Nada mais usual e sem graça. Ao oferecer uma taça de espumante eles se sentirão homenageados, será perfeito! A visita não chega e a garrafa fica me olhando cada vez que visito a geladeira? Beba! Não tenho motivo! Beba por isso, ela é o motivo.

Onde guardar

O vinho tem dois inimigos que alteram e aceleram o envelhecimento: a luz e a temperatura variável e alta.

A luz natural altera a cor e os aromas dos vinhos, especialmente os brancos, provocando o fenômeno conhecido como oxidação. Esse fenômeno amarela os vinhos e transforma os aromas frescos e frutados em *passados* e maduros, que quando excessivos podem chegar a ser desagradáveis.

A temperatura variável ou superior aos 20 graus provoca o envelhecimento precoce. Quando uma adega tem temperaturas muito variáveis (durante a noite 15 graus e durante o dia mais de 20 graus) ou superiores aos vinte graus citados, os vinhos envelhecem dois ou três anos a cada ano.

Como nossa adega particular deve ser um local de conservação de vinhos e não de envelhecimento rápido, recomenda-se não ter janelas e estar localizada num local relativamente isolado termicamente. Toda casa ou apartamento tem um setor mais fresco. Escolha esse local para sua adega.

A rolha tem a capacidade de absorver odores com facilidade, por isso na adega não devemos armazenar produtos de cheiros fortes, como queijos, salames, tintas, etc.

Como guardar

TEMPERATURA: a temperatura ideal, na qual o vinho será perfeitamente conservado e terá evolução lenta e gradual, é de 10 a 12 graus. O problema é que ter uma adega caseira a essa temperatura exige equipamentos caros e sofisticados, e complica de certa forma o serviço rápido dos vinhos tintos, que devem ser retirados horas antes para atingirem a temperatura ideal de serviço, situada entre 16 e 18 graus, conforme o vinho. Por essas razões, recomendamos conservar os vinhos a uma temperatura situada entre 15 e 16 graus.

LUZ: longe de janelas ou paredes externas, a adega deve ser iluminada com luz artificial.

UMIDADE: o ideal é a umidade compreendida entre 60 e 70%. Muita umidade deteriora os rótulos e facilita a criação de mofos. Baixa umidade resseca a rolha.

AREJAMENTO: uma boa adega deve ser arejada para evitar acúmulo de odores que possam ser absorvidos pela rolha.

POSIÇÃO: o vinho deve ser guardado na posição horizontal, para evitar o ressecamento da rolha. Mais uma vez lembramos que a rolha é como uma esponja, que quando resseca se torna porosa. Ganhando porosidade, permite a entrada do ar e com ele a possibilidade da proliferação de bactérias que atacarão o vinho e o transformarão num "familiar do vinagre" ou, no pior dos casos, no próprio.

Espumante de pé? Sim, posso.

Devido à composição da rolha de espumante, que possui um corpo de cortiça aglomerada e dois discos de cortiça natural numa das extremidades, esta peça perdeu a capacidade de respirar e por isso as garrafas de espumantes podem ser guardadas na posição vertical. Caso queira guardá-la por longo período (não tem sentido, mas a decisão é sua), guarde deitada.

Se a adega tiver pé-direito alto, lembrar que a parte inferior será a mais fresca, porque o ar frio é mais pesado. Nesse caso, coloque os vinhos brancos e espumantes nela e os tintos na parte superior.

No caso de uma compra imprevista para a qual você não tem espaço, conserve o vinho na própria caixa, com as garrafas invertidas.

Antes de guardar os vinhos na adega, recomendo cortar a parte superior da cápsula (isso não se aplica para as adegas de restaurantes, já que o serviço deve ser feito na garrafa totalmente inviolada). Dessa forma você observará se existe umidade na parte superior da rolha devido a eventual vazamento da rolha ou à condensação de umidade. No caso de verificar qualquer tipo de umidade, limpá-la e controlar periodicamente essa garrafa.

Não existe nenhum tipo de risco criado pela retirada da parte superior da cápsula. Lembre que os vinhos são envelhecidos nas cantinas na própria garrafa sem a cápsula. É importante você saber o estado da rolha antes de guardar um vinho na adega.

O SERVIÇO DO VINHO EM CASA

O serviço do vinho em casa é tão importante como o dos restaurantes, porque fazê-lo adequadamente contribui muito para a preparação e apresentação do vinho, que é um componente importantíssimo da boa gastronomia.

O melhor dos vinhos pode sofrer as consequências se servido num copo ou na temperatura inadequados.

Imagine o vinho como um prato de macarronada: maravilhoso quando *al dente*, quente e com doses certas de manteiga e parmesão.

Tudo se resume a isto: dê ao vinho a mesma atenção que dá à comida. Você, e especialmente seus convidados, serão os beneficiados diretos.

Serviço correto não significa sofisticação nem *frescura*. Quem aprende o manuseio correto do vinho, o faz com naturalidade e precisão.

O copo

Um bom serviço começa pelo copo. Ele cumpre duas funções: estética, vestindo e embelezando a mesa; e funcional, facilitando ao máximo a apreciação do vinho.

Para isso, deve ter quatro características básicas:

BOM TAMANHO: melhor grande que pequeno. Os vinhos tintos de guarda enaltecem e soltam melhor seu buquê quando arejados. Esse arejamento é feito durante o consumo, pela oxigenação provocada pelo movimento rotativo dado ao copo. Facilita-se isso somente com copos de bom tamanho.

SER LISO: nada de gravações ou arabescos, que impedem de ver a cor do vinho.

SER INCOLOR: deve mostrar o vinho e não escondê-lo.

PÉ ALTO: destaca esteticamente e impede de ter de pegá-los pelo corpo, o que aquece o vinho e pode transmitir odores ao vidro.

O FORMATO DO COPO: o formato dos copos existentes para vinho são os mais variados. Os tradicionais são os de paredes quase retas, com formato afunilado para os brancos; paredes curvas, com boca fechada para os tintos; e paredes ovais, com bordas abertas para os rosados.

A justificativa para esses formatos é de que somente os vinhos tintos precisam ser oxigenados e por isso a conveniência de fazê-lo em copos de boca fechada.

Recomendamos adotar sempre copos com paredes curvas e boca fechada, mais altos ou longos para os brancos e mais baixos para os tintos. Cheirar permanentemente o vinho, desfrutando a cada minuto seus aromas, faz parte da apreciação, e para isso os copos de boca fechada contribuem favoravelmente.

O copo ou taça de espumante ideal é aquele que permite *saborear* o aspecto visual, o movimento das borbulhas. Por isso seu formato deve ser de tulipa ou semelhante, mas sempre longo ao alto. Nas figuras adiante mostramos os copos mais recomendados.

Está na moda utilizar copos parecidos aos de vinho brancos para beber espumantes. Segundo afirmam os defensores dessa modalidade, os aromas se destacam mais. Fiz um vídeo que consta no YouTube fazendo a comparação ao vivo e comprovei que isso é verdade. Porém, há um pequeno problema: a fuga de gás é mais intensa, por isso o volume cai rapidamente. Se optar pelo copo mais aberto, sugiro apressar o consumo. Eu, apesar do modismo, prefiro minha velha e fiel taça tulipa; nela o gás se desprende mais lentamente e os aromas chegam com suficiente intensidade na boca. Use o que quiser; o importante é desfrutar do momento, sem *frescuras*.

A temperatura de serviço dos vinhos e espumantes

A temperatura de serviço favorece ou prejudica a apreciação dos aromas e sabores.

A temperatura de serviço ideal para os diferentes tipos de vinhos e espumantes está situada entre 4 e 18 graus.

O comportamento dos diversos tipos de vinho em relação à temperatura é o seguinte:

ESPUMANTES: são os servidos mais frios. A baixa temperatura enaltece os aromas, permite o lento desprendimento do gás carbônico e os torna menos agressivos. A faixa é de 4 a 6 graus, sendo a menor para os *demi-sec* ou doces e a maior para os *nature* e *brut*.

VINHOS BRANCOS ADOCICADOS OU *DEMI-SEC*: ocupam a segunda faixa, situada entre 6 e 8 graus. Estes vinhos devem ser servidos bem frios, porque o açúcar abafa a acidez e os deixa exageradamente macios.

VINHOS BRANCOS SECOS: temperaturas situadas entre 8 e 12 graus, sendo que os muito jovens devem ser servidos na faixa inferior, pelo efeito da acidez, mais presente, e os maduros na superior. Nesta faixa também incluímos os rosados *demi-sec* ou, por exemplo, um *Beaujolais nouveau*.

VINHOS ROSADOS SECOS: de 12 a 14 graus, ou seja, numa faixa intermediária entre brancos e tintos.

VINHOS TINTOS JOVENS E LIGEIROS: de 14 a 16 graus; esfriados, ressaltam sua vinosidade.

VINHOS TINTOS DE GUARDA OU ENVELHECIDOS: de 16 a 18 graus, para não ressaltarem sua tanicidade, que aparece com maior força à temperatura baixa.

O importante é ter presente que os vinhos espumantes se apresentam melhor quando frios, os doces mais que os secos. Os vinhos brancos jovens, mais frios que os maduros, os suaves ou *demi-sec,* mais frios que os secos e os tintos jovens ou ligeiros, mais frios que os de guarda ou envelhecidos.

O limite mínimo para os espumantes é de 4 graus e o limite máximo para os tintos é de 18 graus. Dificilmente encontraremos um tinto que peça 19 ou 20 graus, salvo um magnífico vinho, superestruturado.

Observadas essas variáveis e suas tolerâncias, você deve encontrar sua temperatura. Como? Procure, acompanhado de um termômetro, identificar a que temperatura cada vinho ou espumante se apresenta melhor gustativamente.

Recomendo o uso do termômetro somente para esse aprendizado. Nada mais infantil que fazer uso desse instrumento na frente de seus convidados. Certamente, ao fazê-lo, você estará dando demonstrações de esnobismo e absoluta falta de conhecimento da prática no manuseio do vinho.

ALGUMAS RECOMENDAÇÕES DE ORDEM PRÁTICA: a melhor forma de esfriar um vinho branco ou um espumante é em balde de gelo durante 30 a 45 minutos. Especialmente no caso do espumante, no balde esfriaremos o líquido e não a rolha, que, quando fria, perde elasticidade e fica extremamente difícil de extrair.

Se tivermos de esfriar um vinho branco rapidamente, poderemos fazê-lo colocando a garrafa invertida, ou seja, de bico para baixo, num balde de gelo. Dessa forma, ela irá esfriar ao redor de 6 graus a cada 10 minutos.

Minha recomendação para esfriar vinho ou espumante num balde de gelo: coloque álcool (pelo menos meio litro) e um pouco de gelo no fundo

Tipos de taças de espumante.

Copos usualmente utilizados para vinho branco.

Conjunto mais recomendado para vinho tinto e vinho branco.

Copos não recomendados: com gravuras, pequeno, haste pequena ou sem haste.

| 4 | 6 | 8 | 10 | 12 | 14 | 16 | 18 |

Variáveis aproximadas de temperatura de serviço de vinhos.

do balde. Mexa com a mão até que a mistura fique muito gelada, coloque as garrafas e complete com mais gelo. Evitará assim que o gelo fique *empedrado*.

Quanto tempo demora um vinho para chegar à temperatura ideal de serviço se esfriado numa geladeira ou num *freezer*?

Depende da temperatura inicial do vinho e da quantidade de coisas que o equipamento tiver de esfriar nesse momento. Geralmente, quando temos convidados em casa, a quantidade de coisas para esfriar ou conservar na geladeira aumenta consideravelmente. Pratos frios, sobremesas, refrigerantes, etc. ocupam quase tudo e a capacidade de esfriar da geladeira cai. Se colocarmos o vinho por pouco tempo, provavelmente o beberemos acima da temperatura ideal.

Dados estatísticos mostram que para esfriar um vinho na parte inferior da geladeira devemos calcular que retira 6 graus a cada hora. Ou seja, se o vinho em nossa adega se conserva a 16 graus e desejamos servi-lo a 10 graus, bastaria esfriá-lo durante uma hora, porém devemos lembrar que estes são cálculos teóricos.

Para comprovar a temperatura dos vinhos em nossa adega, a capacidade de esfriar de nosso refrigerador ou de nosso *freezer*, e a rapidez de esfriamento do balde de gelo, usamos o termômetro, com o qual comprovaremos o comportamento e aprenderemos como atuar em cada ocasião e para cada vinho.

Balde de gelo para esfriar rapidamente.

Abertura do vinho

QUANDO ABRI-LO: os vinhos de guarda ou aqueles que permanecem na adega por períodos superiores a um ano sofrem uma certa inibição de seus aromas, devido ao ambiente redutor da garrafa. Está demonstrado que com a abertura antecipada da garrafa, a quantidade de oxigênio que se incorpora é mínima, insuficiente para recuperar aromaticamente o vinho. A forma mais efetiva é pelo trasvaso para uma jarra ou *decanter*. Certamente o vinho de guarda se apresentará com maior riqueza e intensidade aromática quando oxigenado.

Esse procedimento não é necessário para vinhos tintos jovens e brancos.

COMO ABRI-LO: em primeiro lugar, devemos cortar a cápsula. A forma correta é fazê-lo logo abaixo do anel externo do bico da garrafa, de modo a evitar resíduos de chumbo na boca.

COMO EXTRAIR A ROLHA: o saca-rolhas deve ser um instrumento de trabalho e não de tortura, nem para você, nem para o vinho. Ele deve facilitar seu trabalho.

O corte da parte superior da cápsula.

Por isso não recomendamos:

- O famoso *bate-coxa*, em forma de T. Este saca-rolhas é extremamente incômodo; obriga você a colocar a garrafa no meio das pernas (por isso *bate-coxa*) e quando tiver de abrir um vinho fechado com boa rolha, firme, precisará de muita força ou de ajuda *externa*, como, por exemplo, um cunhado forte, a ajuda de Deus, etc. Se tiver um desses instrumentos em casa, coloque-o numa vitrine que exiba peças curiosas ou em desuso.
- O saca-rolhas *da Serra*, todo feito em madeira, geralmente por atrito do material quebra com extrema facilidade. Se o seu não quebrou ainda, coloque-o na vitrine.
- O perigoso saca-rolhas de *navalhas*: este saca-rolhas exige precisão cirúrgica para introduzir as lâminas nas laterais da rolha. Você já pensou que pode furar um dedo quando procurar abrir aquele Latour comprado recentemente na França a 500 dólares? Também vai para a vitrine.
- O criativo saca-rolhas de gás: este saca-rolhas é perigoso para sua segurança e para a segurança do vinho. Funciona injetando gás na câmara vazia

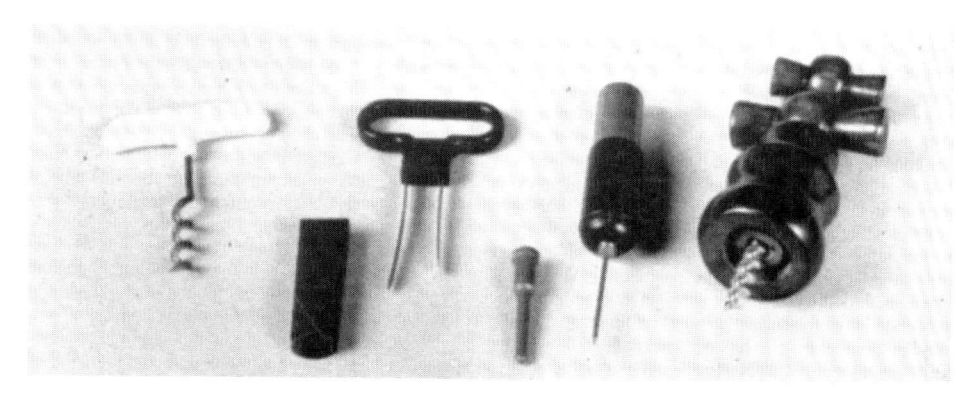

Da esquerda para a direita: o *bate-coxa*, o de *navalhas*, o de gás e o *da Serra*.

existente entre a base da rolha e a superfície do líquido por meio de uma agulha, de modo a provocar a saída da rolha por pressão. Se pretendemos abrir uma garrafa com rolha de bom tamanho e que ofereça certa resistência, poderão acontecer dois tipos de acidente: ou a garrafa quebra no pescoço ou descola o fundo. Você imaginou "aquele vinho guardado especialmente para esta ocasião" escorregar pela toalha branca de linho? Nada mais constrangedor e triste. Vai para a vitrine.

Características de um bom saca-rolhas

A peça principal é a espiral, que deve furar a rolha mas não moê-la. A espiral deve ser de aço, fina, longa e com uma ranhura na parte externa, que evita *morder a rolha*.

De aço, forte, para evitar que ela se estique, provocando a ruptura da rolha ao meio quando se faz pressão para extraí-la.

A abertura perfeita, pacífica e correta de um vinho começa pelo saca-rolhas.

Nas figuras mostramos os modelos não recomendados e os mais apropriados.

É importante introduzir bem o saca-rolhas, mas evitar de furar a rolha. Ao fazê-lo, pedaços do fundo furado da rolha poderão cair no vinho. Estes ficarão boiando e certamente provocarão dúvidas e constrangimento na pessoa que foi *premiada*, que provavelmente não saberá a origem desse "corpo boiando no magnífico vinho". Evite essas situações.

Detalhe da espiral de um bom saca-rolhas de alavanca.

A rolha

A rolha é, sem dúvida nenhuma, o insumo mais importante na embalagem do vinho, por uma razão muito simples: é a única, à exceção da garrafa, que tem o privilégio de estar em contato com o vinho. Esse contato não é igual de garrafa para garrafa; depende quando for aberto; poderá ser de meses ou anos, conforme a vontade do consumidor. Naturalmente, nos vinhos de consumo rápido as possibilidades de longos períodos de contato são menores que naqueles vinhos de guarda que são envelhecidos na própria cantina. Também desempenha papel importante a forma de encaixotado, ou seja, a posição vertical/normal, vertical/invertido ou horizontal da garrafa. A posição vertical/invertido é aquela na qual a garrafa se encontra de cabeça para baixo na caixa de comercialização.

As empresas vitivinícolas escolhem o tipo de rolha e suas dimensões em função da necessidade de vedação e considerando que a rolha:

- não deve permitir vazamentos;
- não deve transmitir gostos ao vinho.

O vazamento ou a fuga do vinho nas laterais da rolha pode ser ocasionado por defeitos das mandíbulas da rolhadeira, que na ação de sua compressão dos 24 mm originais para os 16 mm necessários para introduzi-la (devemos lembrar que a boca interna da garrafa tem geralmente 18 mm de diâmetro) formam pequenas canaletas, ou por defeitos dimensionais da própria rolha (não perfeitamente cilíndrica) ou da garrafa (conicidade acentuada). Esse vazamento poderá ocasionar contaminação do vinho e por isso nossa recomendação de retirar a parte superior da cápsula antes de depositá-lo na adega.

A transmissão do *gosto de rolha* (ou um gosto semelhante ao mofo) é na realidade resultado de uma contaminação da rolha, já existente nela antes de ser colocada na garrafa. Essa contaminação, que os controles de qualidade das cantinas procuram detectar minuciosamente pelos prejuízos que pode provocar, nem sempre se consegue pelo sistema de amostragem. É impossível controlar todas as rolhas. Por essa razão é importante, antes de servir o vinho, cheirar a rolha: ela não deve ter cheiro nenhum, salvo o do vinho. Se tiver cheiro acentuado de mofo, experimente o vinho, pois poderá acontecer de esse cheiro não ter sido transmitido ao vinho. Se foi, troque de garrafa e solicite sua troca ou substituição na cantina (se for nacional) ou no local de compra (se for importado). Por ser um defeito acidental, a troca será realizada sem problemas.

Como servir o vinho

O bom serviço do vinho exige:

- Os copos devem ser enchidos somente até a metade.
- Os copos são dispostos à direita da pessoa, em ordem de uso da direita para a esquerda. Primeiro o copo de vinho branco (o menor), depois o copo de vinho tinto (o de tamanho médio) e por último o copo grande de água. Quando se trate de conjuntos de mediano tamanho, recomenda-se utilizar o de água para vinho tinto e o de tinto para vinho branco. O pequeno, de vinho branco?... Vai para a vitrine.
- Quando se utiliza um copo só, trocá-lo a cada vinho.
- A forma mais eficiente de lavar os copos de vinhos ou espumante é imediatamente após utilizados, com abundante água quente. Se tiver de usar detergente, enxágue demoradamente com água quente para removê-lo. Resto de detergente em taças de espumante mal enxaguadas é o principal, e habitual, motivo da falta de *perlage*.

- Sirva novamente quando seu convidado tiver acabado o conteúdo do copo. Lembre-se: a velocidade com a qual seu convidado bebe um copo de vinho é o sinal da quantidade que ele está disposto ou desejoso de beber. Não force o consumo.
- Fazer malabarismo para evitar a caída da *gotinha* é perda de tempo. Ela irá cair na hora menos esperada, no local errado e talvez sobre as roupas da pessoa menos indicada. Recomendação: sirva auxiliado de um pequeno pano branco (tipo guardanapo de tecido), com o qual você irá retirar os resíduos de líquido da boca da garrafa entre um copo e outro.

QUANTO E QUANTOS VINHOS SERVIR

Quanto vinho

Que critérios usar para calcular os espumantes e vinhos necessários para um jantar?

A quantidade irá depender do tipo de vinho e da cultura vínica dos presentes.

Se o grupo é *normal*, é razoável calcular meia garrafa por pessoa no total. Se é do tipo "demora para ir embora", calcule meia garrafa por pessoa mas guarde outro tanto por precaução. Considere que os espumantes geralmente têm a preferência dos convidados e, por tal razão, se planeja servir vinhos posteriormente, pare de servi-los a tempo. Os vinhos brancos e tintos ligeiros se bebem mais facilmente que os vinhos encorpados, robustos, alcoólicos.

Quantos vinhos

Neste particular recomendamos prudência. Quanto maior o número de tipos de bebidas, maior o risco de perder o controle da situação. Misturar destilados e fermentados não sempre é suportado. Procure fugir dessa mistura. Se tiver de fazê-la, limite rigorosamente a quantidade de destilado no aperitivo.

A decisão do tipo de noite que você deseja para seus convidados está descrita logo a seguir, em *noite feliz* ou de *terror*.

A SEQUÊNCIA ADEQUADA DOS VINHOS

Não existe uma regra que determine a sequência dos vinhos. Você deve tomar o que quiser, quando quiser e antecedido ou precedido do que tiver vontade. Porém... você deve se lembrar de alguns princípios simples que justificam tomar algumas precauções.

Nossos sentidos sofrem fadiga, ou seja, vão se cansando, por isso a regra é semelhante à das comidas: início com sabores leves (entrada) e maior complexidade reservada para o prato principal.

Ou seja, o vinho que antecede não deve prejudicar a apreciação do seguinte.

Para os vinhos, a sequência harmônica é:

- secos antes dos *demi-sec* ou suaves;
- brancos antes dos tintos;
- brancos jovens antes dos brancos maduros;
- tintos jovens antes de tintos envelhecidos;
- vinhos de sabor ligeiro antes dos robustos ou encorpados;
- vinhos esfriados antes dos bebidos à temperatura ambiente.

NOITE FELIZ OU DE TERROR

Saber beber é desfrutar o prazer de sentir aromas e sabores de vinhos e espumantes, devagar, moderadamente, na companhia de alimentos.

Nem todas as pessoas sabem beber corretamente e, por isso, quando somos anfitriões para um jantar, devemos assumir a responsabilidade sobre a qualidade das bebidas e do serviço.

Nessas ocasiões é importante controlar o ritmo e a quantidade oferecida, porque encontros de amigos ou familiares predispõem as pessoas a ficarem eufóricas, soltas, alegres, descontraídas e por tais razões vulneráveis a excessos.

O excesso no consumo de álcool às vezes está relacionado ao tipo e à sequência e não necessariamente à quantidade. Vejamos alguns exemplos de sequências que poderíamos chamar de *noite feliz* e *noite de terror* pelas consequências que ocasionam.

NOITE FELIZ: será assim lembrado o jantar onde alimentos e bebidas conviveram harmoniosamente.

Na chegada dos convidados, serviremos um breve coquetelzinho acompanhado de quantidades controladas de um espumante *brut* ou *nature,* bem frio, borbulhante. É uma excelente maneira de abrir a noite.

O espumante tem uma particularidade: por ser uma mistura de gás, água e álcool, este último circula mais rapidamente pelo fluxo sanguíneo devido ao álcool e por isso as pessoas "ficam soltas e alegres" já no primeiro gole.

É importante prestar atenção ao detalhe: breve coquetelzinho não é uma quantidade abundante e prolongada de canapés, sanduíches e salgados; quantidade controlada de espumante é somente uma taça, porque se forem duas ou três, seremos obrigados a impor restrições depois, o que não é recomendável.

O primeiro prato, geralmente composto de alimentos mais ligeiros, poderá ser acompanhado pelo mesmo espumante, que cumprirá o papel de moderador, preparando os convidados para o momento mais importante da noite, que é o prato principal.

Conforme a composição, estrutura e complexidade do prato principal, escolheremos o vinho, não descartando a possibilidade de continuarmos com espumantes, agora talvez com um mais complexo, como um *champenoise* maduro ou um *brut* rosé.

Devemos evitar exageros, tais como querer mostrar a adega numa noite servindo muitas variáveis, misturando espumantes, vinhos brancos e tintos sem ordem nem sentido. Quanto maior o número de variáveis, maior o risco de errar e as chances de provocar enxaqueca ou mal-estar no dia seguinte a alguns convidados.

Sequência correta, o mínimo possível de variáveis, ritmo lento e a companhia de alimentos e muita água são os ingredientes de uma noite inesquecível, feliz para todos.

NOITE DE TERROR: é aquela da qual os convidados também dificilmente se esquecerão.

Sequência incorreta, mistura explosiva de destilados e fermentados e quantidades descontroladas. É uma fórmula eficaz no tratamento intensivo de familiares inconvenientes, vizinhos indesejados ou simplesmente chatos aos quais queremos oferecer uma noite *marcante*.

Na chegada, os recebemos com uma boa e variada quantidade de queijos, torradas e patês, acompanhados de generosos copos de caipirinha, bem gelada, docinha, superlegal.

A caipirinha, excelente companheira na beira da praia ou antes de um churrasco, é uma presença perigosa antecedendo o jantar, porque está composta de três ingredientes com alto poder anestésico bucal: álcool, açúcar e limão.

Após fartos goles de caipirinha gelada, o paladar de nossos ilustres convidados se encontrará anestesiado, como se fosse de aço inoxidável, sem a menor sensibilidade tátil ou gustativa.

Nessa situação, podemos aproveitar para, durante o jantar, quando as pessoas apresentem um aspecto vidrado, livrar-nos daquele vinho tinto de garrafão, doce, forte, que nosso cunhado nos deu de presente no fim de ano. Ninguém notará nada, alguns até arriscarão elogios antes de cair. Se ao fim da festa você perceber que alguém mexe o braço ou um dedo, ataque com um copinho de inocente licor à base de laranja ou nozes, ou pêssego... ou tanto faz, com 40 graus de álcool, semelhante a um suco. Mortal.

Procure sempre optar pela *noite feliz*, evitando as *de terror*, casual ou propositalmente. Ninguém merece ser atropelado por misturas explosivas de alimentos e bebidas.

O ETERNO ESQUECIDO

O hábito de consumir espumantes ainda é raro no Brasil, apesar dos variados atributos já reconhecidos desde épocas remotas.

Nenhum vinho prestou-se tanto à poesia, à arte e ao exagero.
Casanova, o lendário conquistador o considerava
"**equipamento essencial à sedução**".
Segundo ele, o espumante é um instrumento infalível na conquista. Lembre-se disso.

Coco Chanel, a famosa estilista e criadora do império Chanel, o bebia somente em duas ocasiões:
"quando estou apaixonada e quando não estou apaixonada".
Coco resumiu seu estilo de vida. Imite-a.

Patrick Forbes, grande historiador do *champagne*, disse preferi-lo
"às onze e meia da manhã, quando meu paladar ainda está puro e limpo".
Um pouco excêntrico mas verdadeiro. Nessa hora nossos sentidos estão atentíssimos.

Philippe Bourguignon, um dos maiores *sommeliers* do mundo, foi questionado quando bebia *champagne* e disse:
>**"quando termino de cortar a grama".**

Mais excêntrico ainda que Bourguignon, mas não deixa de ser um momento.

Oscar Wilde disse que
>**"só as pessoas sem imaginação não conseguem encontrar um motivo para beber *champagne*".**

A maior das verdades. Sempre há um momento: fiz um bom negócio, me livrei de um mau negócio, o trânsito estava bom, ou estava ruim e cheguei em casa aos pedaços, etc., etc.

Finalmente, talvez a frase mais famosa pertença a Lily Bollinger, que disse:
>**"Eu bebo *champagne* quando estou alegre ou quando estou triste. Algumas vezes bebo quando estou sozinha, mas quando estou acompanhada o considero obrigatório. Eu me distraio quando estou sem fome ou bebo quando estou faminta. Fora isso não toco nele, a não ser, é claro, que esteja com sede."**

Se você ainda permanece indiferente ao espumante, recomendo uma fórmula para combater a síndrome do esquecimento dos pequenos prazeres que a vida nos oferece:

- Coloque uma garrafa de espumante na parte inferior da porta da geladeira, lá onde são colocadas as garrafas de refrigerante e água mineral. A garrafa ficará olhando para você.
- Se depois de algumas semanas de visitas diárias à geladeira, você não sentiu vontade de abrir a garrafa e beber o espumante...
- O problema não é o espumante...
- O problema é você, que está imune aos prazeres da vida.
- Você está com a autoestima muito baixa...
- Você olha para a garrafa e diz com tristeza: "não te mereço"... e toma um copo de Coca-Cola.
- Procure um médico... talvez um psiquiatra.

SERVIÇO ESPECIAL DO ESPUMANTE

Nada mais agradável que apreciar o movimento constante provocado pelo desprendimento do gás, que cria arabescos borbulhantes, excitantes.

Porém, o manuseio inadequado do produto poderá impedir, diminuir ou eliminar totalmente esse comportamento maravilhoso.

O que chamamos de manuseio inadequado?

Basicamente, a falta de conhecimento de alguns princípios físicos que vigoram em toda mistura gás-líquido:

1. O gás é solúvel num líquido de forma inversamente proporcional à temperatura, ou seja, o gás se dissolve melhor num líquido frio ou gelado do que num quente. Exemplo: quando abrimos um refrigerante (que foi gaseificado artificialmente) quente, dá a impressão de que a garrafa vai explodir, e o produto perde rapidamente o gás. Quando está gelado, dá a impressão de que tem pouca pressão, mas segura melhor o gás. O gás é o mesmo, somente que no primeiro caso não está bem dissolvido e no segundo, sim, pelo efeito da temperatura.
2. Um espumante tem em média 5 atmosferas de pressão, o que equivale a aproximadamente 70 libras por centímetro quadrado. Isso equivale também, para ter uma noção clara, a quase duas vezes a pressão de um pneu de automóvel. Calma... nada de comprar capacete e luvas para abrir uma garrafa de espumante. Ele continua o mesmo, mas com essa explicação você irá entender melhor por que devemos saber manusear o produto. Na realidade, essa pressão é medida a 10 graus centígrados de temperatura, diminuindo a menor temperatura e vice-versa.
3. Um líquido sob pressão mantém o equilíbrio entre o gás dissolvido e a pressão da câmara vazia, ou seja, o espaço vazio que se encontra entre a superfície do líquido e o fechamento (rolha, tampinha, etc.). Se a quantidade de gás dissolvido é de um litro por ml, o que equivale a uma atmosfera, a pressão da câmara será de uma atmosfera também. Caso a pressão da câmara diminua (por perda ou abertura), o comportamento do gás dissolvido no líquido será o de desprender-se mais ou menos lentamente (dependerá do grau de dissolução e da temperatura) até igualar as pressões. Nessa procura do equilíbrio, o líquido irá espumar. Por exemplo: imaginemos ter um espumante fechado no qual a pressão equilibrada é de 5, ou seja, temos 5 atmosferas de gás dissolvido no líquido e 5 atmosferas de gás na câmara vazia. Imaginemos agora deixar escapar pela rolha uma

atmosfera e fechar novamente. O espumante desprenderá espuma até que as pressões se equilibrem novamente e líquido e câmara estejam com 4 atmosferas.

Quando abrimos uma garrafa de espumante estourando a rolha, o que estamos fazendo é passar de 5 atmosferas a zero, com o que o produto procura restabelecer o equilíbrio de qualquer forma. E o faz formando muita espuma, tanta que às vezes ela transborda e sai pela boca da garrafa. Toda essa espuma é gás que se perde e que posteriormente não estará na taça, lugar onde deve estar.

Serviço correto do espumante

TAÇA: utilize a taça *tulipa* ou *flûte*, conforme mostra a figura. Nessa taça você colocará em evidência o borbulhar do espumante lateralmente. Na taça tradicional, você observa a borbulha de cima, por não ter altura. Que fazer com a taça tradicional? Vai para a vitrine...

Quer utilizar copo de vinho branco? Utilize e seja feliz.

À esquerda, taça *tulipa*, a mais adequada para champanha. À direita, a tradicional.

ESFRIAMENTO: para esfriar o espumante, utilize o balde de gelo durante 45 minutos, no mínimo. Quando esfriamos num *freezer* ou congelador, esfriamos também a rolha, e esta perde elasticidade, transformando sua retirada num ritual tormentoso, fatigante e às vezes sujeito ao auxílio dos praticantes de halterofilismo.

ABERTURA: abra a garrafa retirando-a do balde. Incline levemente a garrafa, retire a parte superior da cápsula (a cápsula tem um picotado especial na parte superior, para facilitar seu corte), *desparafuse* a gaiola de arame, girando no sentido horário e pressionando para fora, para evitar que o arame gire sobre si mesmo e quebre. Faça isso até afrouxar o anel envolvente da gaiola. Essa operação deve ser feita mantendo firme a mão no pescoço da garrafa (como uma empunhadura) e o dedo polegar segurando a parte superior da rolha, para evitar sua saída imprevista. Você não precisa retirar a gaiola e depois a rolha. Elas devem sair juntas. Uma vez solta a gaiola, segurando firmemente com os dedos polegar e indicador, faça girar a rolha, que começará a sair impulsionada pela pressão do líquido. Deixe escapar o gás lentamente, evitando o estampido. O espumante aberto dessa forma manterá o gás dissolvido por mais tempo e poderá ser apreciado lentamente, com pouquíssima perda.

SERVINDO: as taças devem encontrar-se à temperatura ambiente. Jamais devem ser esfriadas, como os copos de chope. Se você fizer isso, elas ficarão embaciadas, dificultando a visualização do produto. Como já explicamos, a temperatura desempenha papel fundamental; por isso, se colocarmos o espumante frio na taça à temperatura ambiente, iremos provocar uma exagerada formação de espuma (que às vezes até transborda) e a consequente perda de gás.

Para evitá-la, basta colocar uma pequena quantidade de espumante em cada taça (um dedo aproximadamente) e completar após alguns segundos. Com isso estaremos esfriando o fundo da taça, local onde se forma a borbulha, e evitaremos o choque de temperatura indesejável.

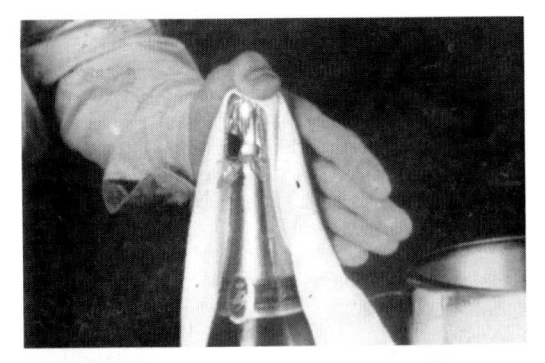

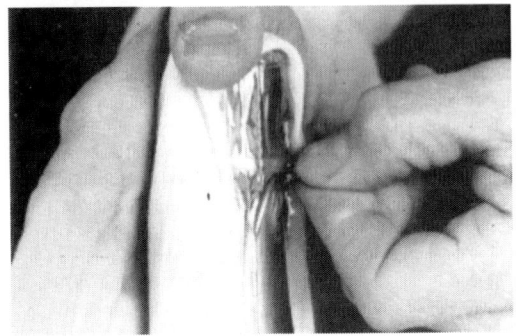

Sequência mostrando o processo de abertura da garrafa de espumante.

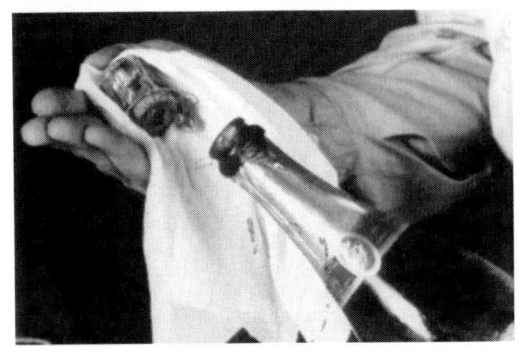

A exagerada formação de espuma provoca lamentável perda de gás.

Começar servindo pequena quantidade evita a perda de gás.

Compare uma taça bem servida com outra mal servida e observe como a persistência da espuma é mais evidente.

O *sabrage*

Não tenho absolutamente nenhuma restrição à pratica do *sabrage,* que nada mais é do que abrir a garrafa de espumante utilizando um sabre. Essa era a forma que utilizavam os soldados de Napoleon para celebrar as vitórias nas guerras que enfrentavam com frequência.

Eu pessoalmente considero que o **Sabrage é uma forma elegante de assassinar um espumante**.

Porém, se você curte, vai em frente, mas com segurança. Lembre-se de que uma garrafa de espumante é um vaso sob pressão, pressão alta de quase setenta libras e com alto risco de explodir caso o procedimento não seja feito tomando alguns cuidados.

Observe o ponto certo de batida: toda garrafa tem duas marcas (lineais) no sentido longitudinal, que correspondem aos moldes, e uma marca logo abaixo do bico, que corresponde ao molde da embocadura. Você deve bater na junção (formato +) dessas marcas, porque é onde se encontra o ponto mais fraco da garrafa.

Evite ter pessoas por perto, use um pano para segurar a base da garrafa, aponte para uma direção onde não se encontrem pessoas, abandone o intento caso tenha falhado em uma ou no máximo duas tentativas... Reze, e boa sorte.

HARMONIZAÇÃO DE PRATOS E VINHOS

Regras... e como quebrá-las

As chamadas regras (peixe com vinho branco, carne com vinho tinto) surgiram devido aos costumes locais que consagravam pratos e vinhos regionais.

Com a universalização da gastronomia surge a necessidade de novas fórmulas.

Apesar disso, está comprovado que frequentemente peixe briga com vinho tinto, lhe confere sabor metálico ou amargor devido aos taninos, que harmonizam com carne de textura pesada. Peixes e carnes brancas têm textura mais leve e geralmente são cozinhados de modo a ressaltar essa leveza.

Na procura de combinações menos tradicionais, considerar:

- Peso (um peito de frango no vapor é bem diferente de um *coq au vin*).
- Equilíbrio (um não deve abafar o outro).
- Intensidade (exceções: pratos gordurosos podem ir bem com vinhos leves).

Também ter em conta o papel de alguns componentes dos pratos, como:

- ACIDEZ: os brancos se adaptam bem a pratos com molhos/temperos mais ácidos.
- SAL E PIMENTA: são dois condimentos que, quando utilizados moderadamente, combinam bem com vinhos brancos e espumantes, em especial em peixes e condimentos com azeitonas.

Vinhos brancos

Apesar da resistência em aceitar combinações consagradas pela humanidade ao longo de séculos e tratadas equivocadamente como regras, peixes e pratos frios geralmente combinam melhor com vinhos brancos.

Vejamos as melhores harmonizações para os dois principais vinhos brancos:

Chardonnay

É o vinho branco mais fácil de harmonizar, já que seu sabor não desperta antagonismos.

Predominam os aromas de frutas verdes, como abacaxi e maçã. Devem ser evitados peixes em conserva (sardinhas, atum, etc.) e prestar atenção com cogumelos.

BRASIL E NORTE DA ITÁLIA: o nervo associado a ligeireza o torna ideal como aperitivo e companheiro de pratos como risotos e massas suaves, peixes brancos grelhados com um toque de limão e saladas.

CHABLIS: mais jovens, vão bem com ostras e pratos mais leves. Maduros, para peixes grelhados com molhos ricos ou queijos gordurosos.

CHILE: são vinhos mais maduros e com níveis de acidez relativamente baixos, por isso são menos *nervosos*. Harmonizam bem com pratos frios à base de carnes brancas, peixes grelhados com molhos brancos ou gratinados.

AUSTRÁLIA: terra tradicional do *chardonnay* frutado e com madeira que harmoniza bem com pratos saborosos, como pato com laranja; também produz vinhos mais frescos e alegres, ideais para acompanhar frutos do mar.

Sauvignon Blanc

É o vinho branco muito fácil de identificar, pelos sabores herbáceos, onde aparece nitidamente o aroma de maracujá.

Devem ser evitadas hortaliças como brócolis, espinafre e até abobrinha, que acentuam o sabor herbáceo.

BRASIL: os vinhos produzidos na Serra geralmente são acentuadamente herbáceos e por isso acompanham bem peixes brancos com molhos de queijo, pratos da culinária japonesa e carnes brancas frias ou temperadas.

URUGUAI: o clima com influências marítimas ressalta no Sauvignon Blanc uruguaio aromas exóticos que lembram maracujá e pêssego e por isso o vinho tem uma amabilidade que o distancia de pratos com temperos ácidos. Harmoniza perfeitamente com queijos pouco maturados, pratos frios à base de peixe, carnes brancas e molhos brancos.

POUILLY – FUMÉ E SANCERRE (VALE DO LOIRE): a combinação tradicional é o queijo de cabra. Harmoniza perfeitamente com peixes (fritos, com molhos ácidos), frutos do mar e pratos condimentados com pimentão e/ou tomate. É um dos poucos vinhos que combina com dois alimentos ardilosos: alcachofras e aspargos.

CHILE: o Sauvignon Blanc chileno parece ter nascido para harmonizar os pratos da culinária chilena: frutos do mar e peixes brancos com ou sem molhos mais ou menos concentrados.

Ingredientes ardilosos para os brancos

VINAGRE, VINAGRETE E PICLES: são difíceis de combinar até com vinhos brancos jovens. Se tem que usar, use o balsâmico, menos agressivo.

ALCACHOFRA E ASPARGOS: conferem gosto amargo menor quando usado limão. Sauvignon Blanc é um vinho valente para enfrentá-la.

QUEIJOS: não são o casamento, como se imagina.

OVOS E LATICÍNIOS: em pratos à base de ovos que envolvem cremes, manteiga ou queijo, os brancos Chardonnay combinam bem. Em molhos com maionese e o tártaro, a combinação ideal é com Sauvignon Blanc.

Vinhos tintos

Apesar da resistência em aceitar combinações consagradas pela humanidade ao longo de séculos e tratadas equivocadamente como regras, carnes vermelhas, de caça e pratos com molhos reduzidos geralmente combinam melhor com vinhos tintos. Vejamos as melhores harmonizações com os vinhos tintos:

CORDEIRO ASSADO: vinhos tintos robustos, encorpados com ou sem carvalho. Cabernet Sauvignon, Carmenère e alguns Merlot.

CARNES GRELHADAS E ASSADAS: carnes grelhadas com vinhos tintos tânicos, jovens e encorpados. Assadas com vinhos mais maduros, menos tânicos e agressivos. O sal não combina bem com taninos.

CARNES DE CAÇA: combinam bem com vinhos *fortes*, alcoólicos, encorpados, como Shiraz e Cabernet Sauvignon.

CARNES BRANCAS, PERU, MASSAS COM MOLHOS: vinhos tintos ligeiros e jovens, como Cabernet Franc, Merlot e Pinot brasileiros.

QUEIJOS: desde que não excessivamente salgados, combinam bem (gorgonzola, *brie, camembert,* prato, etc.).

Espumantes

Casamentos perfeitos com espumantes

OSTRAS: excelente com *nature* e *brut*.

FRUTOS DO MAR: excelentes com *nature, brut* e seco.

ENTRADAS COMPOSTAS DE CARNES BRANCAS (frango-peru-chester) FRIAS COM ACOMPANHAMENTOS LEVES: excelentes com *brut* e *nature*.

SOBREMESAS: conforme mais ou menos doces, com Moscatel espumante ou *demi-sec*.

A TODA HORA: qualquer um deles.

QUEIJOS E VINHOS

O conceito em relação aos queijos é idêntico ao aplicado nos pratos, ou seja, maior intensidade de sabores no queijo, maior intensidade de sabores no vinho.

QUEIJOS DE MASSA MOLE (ricota, minas frescal, de cabra fresco): brancos secos jovens.

QUEIJOS DE MEIA-CURA, como *camembert, brie, ementhal, tilsit, gouda,* tintos semiestruturados e pouco tânicos.

QUEIJOS DE MASSA DURA, como parmesão, de cabra: tintos estruturados.

QUEIJOS PICANTES, como *boursin* e *roquefort*: vinhos tintos estruturados e tânicos ou vinhos doces.

O SERVIÇO DO VINHO NOS RESTAURANTES

O serviço do vinho e espumantes nos restaurantes tem melhorado muito nos últimos anos no Brasil. Brigadas treinadas, presença de *sommeliers* devidamente preparados, taças e copos adequados e adegas climatizadas são presença obrigatória em estabelecimentos de categoria. É natural que, por não ser ainda uma bebida popular, o vinho seja maltratado em estabelecimentos menores. De todas as formas, é importante destacar que você é quem paga a conta e por tal razão merece e deve ser atendido da melhor forma. Ao observar erros ou incorreções, reclame. É com a sua reclamação que os serviços melhorarão.

A adega do restaurante

Deve obedecer às exigências já dadas anteriormente em relação a temperatura, umidade e luz. Se ela estiver localizada estrategicamente, poderá transformar-se num atrativo a mais do estabelecimento, já que os clientes poderão ter acesso a ela e talvez escolher aí seu vinho.

É cada dia mais frequente a presença em restaurantes de adegas climatizadas, devido à praticidade e à eficiência.

A carta de vinhos

A carta de vinhos deve oferecer um mínimo de informações que permita ao cliente saber o que está pedindo. A grande maioria delas simplesmente classifica os vinhos em brancos, tintos e espumantes, para posteriormente relacioná-los por marca, quando nacionais, ou pela região demarcada, quando importados.

Assim, é frequente observar, em algumas cartas, entre os tintos importados, o Valpolicella, não esclarecendo que Valpolicella, que ano, que marca. Valpolicella é uma região demarcada (DOC) da Itália, onde os vinhos que cumprem determinadas condições podem ser denominados como tais, mas existem muitas marcas de vinhos dessa região e por isso é necessário que se diga qual é a oferecida na carta. Por outro lado, Valpolicella é um vinho elaborado para ser bebido jovem, sendo por isso importante esclarecer qual é a safra. Outro absurdo é colocar simplesmente *Blanc de Blancs*. Talvez por ser presumivelmente francês, dispense outras informações, mas essa expressão simplesmente quer dizer que é um vinho branco elaborado com uvas brancas. Qual é a marca, quem é o elaborador?

Tendo as informações precisas, o cliente saberá escolher, e principalmente saberá se o preço é compatível com o vinho.

A carta de vinhos deve relacioná-los conforme sua posição geográfica, ou seja:

1. Vinhos nacionais.
2. Vinhos sul-americanos.
3. Vinhos correspondentes à especialidade gastronômica (comida italiana, francesa, alemã, etc.).
4. Vinhos de outras partes do mundo.

A ordem de apresentação é conforme o consumo, ou seja:

1. Espumantes e *champagnes*.
2. Vinhos brancos.
3. Vinhos rosados.
4. Vinhos tintos.
5. Vinhos de sobremesa, como Sauternes e Porto.

O que é inaceitável no serviço dos restaurantes

Uma das formas mais eficientes de melhorar o serviço dos vinhos nos estabelecimentos comerciais é reclamar quando este é incorreto.

Devemos reclamar

- quando o copo for muito pequeno, já que este tipo de copo impede você de apreciar os aromas do vinho;
- quando o copo for enchido até a boca (reclame ou peça um canudinho);
- quando o vinho branco for servido sem o balde, já que o vinho irá esquentar até ser consumido;
- quando o vinho branco está gelado, já que muito frio esconde os defeitos;
- quando o vinho tinto está muito quente, já que destaca o álcool e a acidez.

Devemos devolver:

- quando a garrafa chega aberta na mesa; ela deve ser apresentada fechada ao cliente, para que ele confirme seu pedido, e aberta na sua presença;
- quando o vinho apresentar gosto de rolha, acidente provocado pelas razões já expostas;
- quando o vinho se apresentar acetificado, por problemas de conservação;
- quando o vinho se apresentar turvo, por problemas de conservação;
- quando um espumante não tiver espuma ou borbulhas, por problemas de conservação, qualitativos ou por ter sido aberto e servido incorretamente.

Vocabulário enológico e enófilo

Para finalizar, daremos algumas explicações de expressões e termos muito utilizados.

ANTIOXIDANTE INS 300 O conservador PV é o anidrido sulfuroso utilizado como antisséptico em todos os vinhos do mundo, secos ou não. Este coadjuvante acompanha o vinho quase desde sua existência. A Lei de Vinhos do Brasil estabelece os limites máximos permitidos, sendo muito fácil controlar os teores. Quando aplicado em excesso, nos casos em que a cantina não possui equipamentos eficientes para filtrar os vinhos ou quando há insegurança em relação à higiene, dá dor de cabeça nos consumidores.

BLANC DE BLANCS Expressão francesa que significa "branco de brancas", ou seja, vinho branco elaborado exclusivamente com uvas brancas. O processo é utilizado em algumas regiões francesas, onde também se elaboram "blanc de noirs".

BLANC DE NOIRS Expressão francesa que significa "branco de tintas", ou seja, vinho branco elaborado com uvas tintas. Estas uvas foram somente prensadas, sem contato com as cascas. Este tipo de vinho é utilizado como "base-champanha" e tem a finalidade de dar estrutura de corpo e sabor ao espumante. Na região de Champagne, na França, os "blanc de noirs" mais elaborados são das uvas Pinot Noir e Pinot Meunier.

BLANC EN NOIR Expressão francesa utilizada atualmente na Espanha que significa "branco em tinto", ou seja, vinho branco elaborado com uvas brancas, conforme o processo de elaboração em tinto, com maceração ou contato das cascas com o suco. Tem por finalidade dar maiores características varietais ao vinho e maior estrutura de boca e aroma. A condição básica deste vinho é trabalhar uvas em perfeito estado sanitário de boa maturação, sem ser excessiva.

COGNAC Nome de uma região do sul da França, onde se produz um destilado de vinho que, após envelhecimento em barricas de carvalho durante um período mínimo estabelecido em lei, pode ser comercializado com o nome da região, ou seja, COGNAC.

Esta denominação, que com o tempo foi associada ao próprio produto, é erradamente utilizada em muitos países, entre eles o Brasil. Com a entrada em vigor da CEE e do Mercosul, o destilado de vinho envelhecido passou a chamar-se de BRANDY. Por incrível que pareça, no Brasil ainda se utiliza esta denominação para chamar o destilado composto de gengibre, que nada mais é do que destilado de cana aromatizado com gengibre.

CONSERVADOR INS 200 Este conservador chamado antigamente de PIV, é o sorbato de potássio, muito utilizado na indústria alimentícia que tem ação antifermentativa, já que impede a multiplicação de micro-organismos. É permitido por lei até certos limites. É utilizado na indústria vitivinícola como conservante dos vinhos *demi-sec* e suaves, ou seja, com presença de açúcares. Quando este conservador é utilizado, o vinho deve ser muito bem filtrado, já que, se atacado por bactérias, resulta no desagradável cheiro e gosto de geraniol, explicado no vocabulário da degustação.

CONSERVADOR INS 220 O conservador PV (nomenclatura antiga) ou INS 220 é o anidrido sulfuroso, utilizado como antisséptico em todos os vinhos do mundo, secos ou não. Este coadjuvante acompanha o vinho quase desde sua existência. A Lei de Vinhos do Brasil estabelece os limites máximos permitidos, sendo muito fácil controlar os teores. Quando aplicado em excesso, nos casos em que a cantina não possui equipamentos eficientes para filtrar os vinhos ou quando há insegurança em relação à higiene, dá dor de cabeça nos consumidores.

GRASPA, GRAPPA OU GRAPA Não é uma região demarcada, como Cognac ou Champagne. Trata-se de um destilado envelhecido de bagaço. O bagaço da uva, após sua fermentação em silos, é destilado em alambiques especiais. A graspa é um destilado de sabor forte e seu consumo é muito limitado e restrito a comunidades de origem europeia.

MACERAÇÃO CARBÔNICA Método de elaboração que consiste na fermentação e maceração intracelular, no próprio grão, sob atmosfera saturada de anidrido carbônico. É a técnica aplicada para elaborar os famosos vinhos Gamay Beaujolais Nouveau franceses. As uvas inteiras são colocadas em recipientes especiais, saturados de anidrido carbônico, sofrendo a maceração e a fermentação sem serem esmagadas, dentro do grão. Dá como resultado vinhos de mediana intensidade de cor, com sabor ligeiro e aroma muito característico, floral, fresco. Não são, naturalmente, vinhos para guarda.

OIV Office International de la Vigne et du Vin, organismo internacional da uva e do vinho, criado em 1924 e com sede em Paris. É uma organização intergovernamental, à qual pertencem atualmente 44 países, entre os quais o Brasil, que se associou no início de 1995. Tem como finalidade cuidar da política vitivinícola mundial e disciplinar os destinos do vinho no mundo. Procura recomendar o uso adequado das denominações de origem. Não é organismo fiscalizador nem executivo.

PIPA Recipiente de madeira utilizado para conservação e envelhecimento de vinhos. As pipas podem ser de diversos tamanhos, possuem fundos horizontais e forma tronco-cônica, com o fundo de maior diâmetro na parte inferior. As duelas, que são pequenas tábuas planas de aproximadamente 15 cm de largura pelo comprimento correspondente à altura da pipa, são apertadas pelos arcos de ferro. As pipas, por possuírem fundos planos, não são ideais para envelhecer vinhos por períodos longos, devido à facilidade de se formarem bolhas de ar, prejudiciais ao vinho.

SAFRA OU VINDIMA É o ano de colheita da uva. No Brasil, é realizada nos meses de janeiro, fevereiro e março.

Dependendo do comportamento do clima, ela poderá adiantar-se, iniciando-se nos últimos dias de dezembro ou primeiros de janeiro e estender-se até meados de março.

As uvas de maturação precoce iniciam a vindima. São as tintas Pinot Noir e Pinotage e as brancas Chardonnay, Gewurztraminer, Semillón e Riesling. As variedades de maturação média são as brancas Trebbiano e Sauvignon Blanc e as tintas Merlot, Cabernet Franc e Cabernet Sauvignon. As tardias são a variedade branca Moscato e a tinta Sirah. Naturalmente que as regiões mais quentes ou baixas produzem uvas antes que as regiões frias ou altas. No Hemisfério Norte, a safra vai de setembro a novembro.

SOMMELIER O *sommelier* é o "*maître* dos vinhos".

Em 1700, o *sommelier* era conhecido como "somegliere di bocca e di corte" e portava um anel com as iniciais ducais para lacrar os barris que estavam sob seus cuidados.

Atualmente, o *sommelier* é o responsável pelo serviço do vinho nos restaurantes. No Brasil existe a Associação Brasileira de Sommeliers – ABS, com sede central no Rio de Janeiro, cidade qua já dispõe de alguns profissionais *sommeliers* trabalhando em restaurantes. Já há ABS em muitas capitais e a formação de *sommeliers* é grande. Não todas as pessoas fazem os cursos preparatórios da ABS com fins de uso profissional; muitos os fazem para obter conhecimentos.

Também têm surgido outras "escolas do vinho", algumas com maior grau de profissionalismo que outras. Algo que a meu ver é pretensioso em demasia é outorgar diplomas de Juiz de Vinhos a pessoas após completarem cursos de curta duração. Não há melhor "diploma de juiz" que a litragem. Consumir vinhos com frequência e atenção, estudando, aprendendo, com humildade e paciência é a maior e melhor escola. Siga essa escola.

TASTEVIN Instrumento de trabalho do *sommelier* de origem antiga, conhecido desde o século XVIII e utilizado para a degustação dos vinhos.

Tem formato de pequena concha, com aproximadamente 2 cm de profundidade e oito de diâmetro, com uma pequena alça lateral. É fabricado em prata, no centro tem uma grande bolha, chamada "bolha de nível", e que serve para determinar o total de vinho a colocar. A bolha nunca deve ser coberta pelo vinho. Ao redor dessa bolha, dispostas de forma circular, há quatorze pequenas bolhas em relevo, que servem para oxigenar o vinho quando dado a este um movimento giratório.

Nas laterais, também dispostas em forma circular, possui numa metade oito pequenas bolhas afundadas e na outra, pequenas nervuras. As nervuras são utilizadas para observar a cor dos vinhos brancos, e o *tastevin* é segurado com a mão esquerda. Quando se quer observar a cor do vinho tinto, se faz contra as pequenas bolhas; neste caso, o *tastevin* é segurado com a mão direita.

TERMOVINIFICAÇÃO Processo de elaboração utilizado para uvas tintas que consiste na aplicação de calor nas uvas desengaçadas, através de equipamentos especiais. Tem por objetivo a rápida extração da cor. Com este processo se elaboram vinhos tintos para consumo rápido, já que não dá garantias à estabilidade da cor. Como dispensa a fase de maceração, substituída pelo calor, os vinhos resultantes são muito frescos e vinosos.

TONEL Recipiente de madeira utilizado para conservação e envelhecimento de vinhos, com fundos verticais e duelas arqueadas. São ideais para envelhecer vinhos e mais conhecidos por serem deitados, lembrando enormes barricas.

VERMOUTH É o nome de um vinho composto que tem como erva principal a losna ou *absinthium*. A palavra *vermouth* é de origem alemã e significa *absinthium*. Esta bebida, conhecida em todo o mundo, é fabricada em escala industrial desde 1786, quando iniciou em Torino, na Itália, mas se reconhece sua existência desde 460 a.C., quando Hipócrates fabricou um destilado misturado com algumas ervas.

Basicamente, o *vermouth* é composto de 70%, como mínimo, de vinho, álcool, açúcar e infusões de ervas de diversas espécies, que dependem de cada elaborador. Atualmente, os maiores fabricantes são Martini e Cinzano, ambos de origem italiana.